もう一人、誰かを好きになったとき

ポリアモリーのリアル

荻上チキ

新潮社

プロローグ　語りはじめるポリーたち

「今日はお足元が悪い中、お集まりいただきまして、ありがとうございます。このイベントの幹事をするようになって三年ですが、まだ毎回緊張してしまいます。これから、このラウンジのルールを説明していきたいと思います」

二〇二〇年九月。東京都にあるＪＲ浅草橋駅から歩いて数分のシェアハウス。その一室にて、ポリアモリー（複数愛）に関心のある人たちの交流会「ポリーラウンジ」が開かれていた。

少し広めのリビングルームの真ん中で、参加者の視線を一身に浴びながら、一人の女性が挨拶をしている。この日は、朝からそれなりにまとまった雨が降っていたが、それでも十五人ほどの参加者が集まった。

ポリーラウンジは、二〇一〇年にスタートし、各地で継続的に開催されている対話ミーティングだ。会を主催する幹事や参加者は、このミーティングに対して、「ポリラン」の略称をしばしば用いる。

挨拶をしていたのは、ポリアモリー当事者であり、ポリラン幹事のきのコさん、三十六歳。

少しぎこちない笑顔を浮かべながらも、参加者に向かって、丁寧にポリランのルール説明を行っていた。

きのコさんによって伝えられたルールは、次のようなものだった。

・何を言っても構いません
・人の話を否定したり茶化したりしてはいけません
・話がまとまらなくてもOKです
・自己開示の強要はNGです
・お互いに問いかけあうように心がけましょう
・知識ではなく、経験で話しましょう
・ここでの話は、ここだけの話

どれも非常にシンプルな内容だ。しかし、参加者の心理的安全を確保するためには、いずれも重要なものである。これらのルールは、「哲学対話」という試みで広く用いられているものを、ポリラン向けにアレンジして作られたものだという。

例えば「知識量の多い先輩が一方的に話す」というような行為は、勇気を持ってやってきた初めての参加者を萎縮させてしまう。「知識ではなく、経験で話しましょう」というルールは、そうした行為への抑止にもなる。

また、「人の話を否定しない」「話がまとまらなくてもOK」というルールによって、気軽に話せる空気を作る。ひとまず経験を、口にしてみる。他の人は、じっくりと耳を傾ける。そのうち参加者たちは、「ここでは、経験を他人に話しても、決して否定されない」という安心感を得ることができる。そのことでさらに語りのハードルを下げ、安心感のあるスペースを作ることができる。

自己開示では、時に性的な話題に触れることもあれば、傷つき体験／傷つけ体験などに触れることもある。繊細で、プライバシーに関わる内容を、初めて会う人たちの前で話すというのは、たいへん勇気がいることだ。だからこそ、あらかじめ幹事から、「無理に話をしなくてもいいですよ」と伝えるのである。

実際、ポリー（ポリアモリー当事者、複数愛者）の多くが、自身の選択や葛藤を他人から否定されたり、攻撃されたという経験を持っている。そのため、「何を言っても否定されず、秘密の拡散も行われない」という信頼が確保されるのは、何より重要なことになる。

ルール説明に続き、幹事のきのコさんが、簡単な自己紹介を行う。自分には恋人が複数いること。そのうちの一人はポリーであること。今日のこの会場にも来ていること。最近は、セックスフレンドの一人が結婚して疎遠になったため、寂しい気持ちになっていること。

幹事が自ら、冒頭で積極的な自己開示を行う。そのことによって、参加者の表情から、次第に緊張が消えていった。

続いて、参加者たちの自己紹介が行われた。参加者の年齢層は、二十代から四十代が中心だ。年齢も、性別も、生活の仕方も、抱える課題も、これまでの人生も異なる、この日限りのメンバーたち。しかし、「ポリアモリーについて話し合いたい」という思いが一致して、この場所に集まった人たち。

ポリランになぜ来たのか。どんな課題を抱えているか。参加者が、思い思いに話し始める。

「小学校の頃から、一対一の恋愛に、窮屈さを覚えていました」

「オープン・マリッジ（パートナーと、他の相手と恋愛やセックスをすることに合意した上で継続されている結婚）です。恋愛が上位に来るような人間関係のあり方に、個人的には違和感があります」

「自分は既婚ですが、どうやって相手の合意を取ればいいのか悩んでいます」

「私がポリーであることを前提に付き合っていた相手から、『やっぱりポリアモリーは嫌だ』と言われました」

「ポリアモリーでアセクシュアル（「性的な惹かれ」を抱かない・抱きにくいセクシュアリティ）、Xジェンダー（男性か女性かにとらわれない性自認の人）です。今日は子供二人と一緒に来ています。子育てのシェアについて考えています」

「恋人が複数いますが、みんな遠距離で。コロナ禍でなかなか会えていません」

自己紹介の一つ一つに、参加者たちは大きく頷く。そして、話し終えた者に、皆が拍手を送る。

この場所は、どの参加者の指向性も否定しない。そのようなメッセージを、互いに送り合い、確認しあっているようでもある。

ひときわ大きな反応があったのは、この日初めて参加した女性が自己紹介した時だった。

「今日は、ポリーラウンジに初めて来ました。自分はパンセクシュアル（全性愛：男女の区別なく、好きになった人が恋愛対象であるとするセクシュアリティ）で、これまで色々な人を好きになってきました。そんな自分に悩み、結婚したら変われるかなと思って結婚したのですが、全然そうじゃなかったんです」

彼女がそのように語り始めると、「あるある」「変われないよね」「うわー、わかる」など、方々からリアクションが飛ぶ。新しい参加者の緊張をほぐすように、常連の参加者が中心となって、大きめのリアクションで歓迎しているようだった。

「そんな時、たまたまブックオフできのコさんの本を見つけて、ポリアモリーのことを知りまして」

ポリーラウンジにつながるきっかけを彼女が語ると、きのコさんが「ブックオフかい！」とツッコミをいれる。

「新品買えよ！」「でも読んでくれてありがとー！」。会場から次々に合いの手が入り、笑いが広がる。つられて女性にも笑みがこぼれた。

ポリーラウンジというイベントにて、耳慣れぬ「ポリアモリー」という言葉を介して語り合う人々。ポリアモリーとは一体なんなのか。なぜこのような場所があるのか。この言葉を用いて自己を認識することにどんな意味があるのか。

本書はこれから、ポリアモリーに関わる多くの当事者へのインタビューを紹介し、海外で発表されてきた研究論文を整理しつつ、日本で独自に行なった調査についても紹介する。そうすることで、ポリアモリーという関係性と、それを取り巻く人々の姿を伝えていく。

これから語られる風景は、どこか遠くの、あなたに関係ない人たちの話、ではない。賛同しようが、反発しようが、おそらくはあなた自身の「人との関わり方」を、根本から問い直すものになるはずだ。

そしてまた、ここに登場するエピソードは、この日本に確かに実在する、生ける隣人の姿でもある。「その人を含めた社会」を、どう捉え直すか。そんなふうに、社会のあり方についてもまた、問いかけるものになるだろう。

もう一人、誰かを好きになったとき

ポリアモリーのリアル

目次

もう一人、誰かを好きになったとき

ポリアモリーのリアル

第1章
ポリアモリーとは何か

ポリアモリーをめぐる用語

本書のテーマとなっているポリアモリー（polyamory）とは、ギリシア語のポリー＝poly（複数）とラテン語のアモール＝amor（愛）を合わせた言葉であり、直訳すれば「複数愛」となる。

ポリアモリー＝複数愛とは、一対一の恋愛を前提とするモノガミー＝単数婚と異なり、複数の相手との関係性を指し示す言葉だ。より厳密に言えば、「三人以上の当事者が、合意して築く関係」を指すことが多い。

モノガミーの「モノ」は、ギリシア語由来で「単数」を意味する。つまり「一人の相手と結婚を行うこと」を指すが、「ポリアモリー」は単数＝一人の相手だけと交際するのではなく、複数の相手と、愛情、性愛、友愛などを元に関わる形態を意味する。

ポリアモリーを実践する当事者のことは、「ポリー」あるいは「ポリアモリスト」と呼ばれる。ただし、現在の日本では、「私はポリアモリーです」といった表現を用いる者も少なくない。

日本社会で生きる多くの人々は、単数愛を前提とする価値観を持っている。つまり、「恋愛といえば、一対一で行うものでしょう」という考え方を信じている。このような考え方は、「モノ規範（モノガミー規範）」と呼ばれる。モノ＝単数、つまりは「一対一で付き合うべきという規範」のことである。

一人だけを好きになるという感覚は「モノガマス（単数婚的）」と呼ばれ、一対一での恋愛や結婚を推奨したり実践する人のことは「モノガミスト」と呼ばれる。多くの耳慣れない言葉が登場したが、次頁の表にまとめたので参照してほしい。こうした言葉は、これまで意識されてこなかった、「多様な関係」を言語化するために生まれてきたという経緯がある。

簡単に整理するため、深海菊絵著『ポリアモリー 複数の愛を生きる』より、いくつかのチェック項目を紹介したい。あなたは次のうち、いずれかの項目に当てはまるだろうか。

1　交際相手がいるのに他の人を好きになったことがある
2　夫や妻がいるのにデートしたいと思う相手が現れたことがある
3　すでにパートナーがいる人を好きになったことがある
4　実は浮気をしたことがある
5　実は二股をかけたことがある
6　実は不倫をしたことがある

1から6のいずれかでも経験した人は、おおまかに言えば「ポリアモラスな体験がある」

ポリアモリー用語集

モノガミー	単数婚。一対一で結婚するという形式。
モノガマス	単数婚的。一対一で交際する人の感受性を指し示す時などに用いられる。
モノガミスト	単数婚主義者。一対一で結婚することを望み、そうあるべきだと考える人。
モノアモリー	単数愛。一対一で恋愛するという形式。
モノアモリスト	単数愛者。一対一で恋愛することを望み、そうあるべきだと考える人。
ポリアモリー	複数愛。複数の人と同時に交際する形式。
ポリアモラス	複数愛的。複数の人を好きになるような感受性を指し示す時などに用いられる。
ポリー／ポリアモリスト	複数愛者。特に、複数の人と、合意に基づいて交際する人のこと。
ノンモノガミー	非単数婚。ポリーに限らず、「一対一の恋愛」に囚われない形式全般を指す。
モノ規範	一対一で交際するべきという道徳観。
オープン・リレーションシップ	特定の人と交際しているが、他の人とも性愛関係を持ちうる状態。
オープン・マリッジ	特定の人と結婚しているが、他の人とも性愛関係を持ちうる状態。

ということになるだろう。逆に、いずれの項目にもあてはまらず、「あってはならないものだ」「許してはならない」という考えを持つのであれば、「モノ規範を強く持つモノガマスな人である」ということになりうる。

モノ規範が「普通」「当たり前」だとされる社会では、モノガミー（単数婚）こそが「あるべきもの」「目指すべき形」ということになる。そうした社会では、ノンモノガミー（単数婚ではない関係の形）は、「あってはならないもの」「異常なもの」「秩序を乱すもの」として、非難されることになる。

ポリアモリーをはじめとした、非単数婚＝ノンモノガミーの当事者たちには、しばしば「浮気性」「不倫」「不貞」「あばずれ」「ヤリチン・ヤリマン」などという、否定的な言葉が投げかけられてきた。実際日本では、芸能人の「不倫ネタ」が、格好のスキャンダルとして消費され続けている。モノ規範を遵守していない者は、晒し、叩き、嘲笑し、嫌悪してよい対象として位置付けられてしまう。

同性愛などの性的指向や、トランスジェンダーなどの性同一性について、第三者が本人の同意なく公表してしまう「アウティング」については、それが非人道的だという感覚が徐々に強まってきてはいる。一方で、誰と誰が付き合っているとか、誰が複数と関係を持ったといったような、「関係」についてのアウティングを問題視する声は、いまだに少ないままである。

ポリーラウンジに集まって来た人の動機はそれぞれだが、多くの参加者が、複数愛への日常的な非難や攻撃を目にしたり、経験してきたことがある。だからこそポリランでは、「人の話を否定したり茶化したりしない」というルールが欠かせない。

逆にこのようなルールがあるからこそ、ポリランは、多くのポリーおよびその関係者などが集まれる場所になっている。ここでは、自分たちの恋愛観やポリアモリー実践についての工夫、そしてモノ規範との葛藤などについて語り合うことができる。

既婚者とのセックス

参加者たちの自己紹介が終わると、三十分のテーマトークの時間となった。この日のテーマは、「既婚者とのセックス」だった。外では眉を顰められるような話かもしれないが、参加者の多くの人にとっては、切実なテーマでもある。自身が既婚の者。恋人が既婚の者。独身だったポリーの恋人が、自分とは別の人と結婚をした者。ポリランには、そうした様々な立場の参加者が集まっている。

テーマトークは、マイクリレー形式で行われた。ぬいぐるみをマイクに見立て、それを持っている者に発言権がわたる。次に話したい人は、手をあげてぬいぐるみを受け取る。そうやって、それぞれの自己開示を繰り返していく。

この日、参加者は二つのグループに分かれ、七、八人ずつで輪になった。車座が作られて間もなく、するりと話が始まっていった。

「既婚者であるセックスフレンドがいる。本人はオープン・マリッジだと言っているけれど、よく聞いてみると、パートナーとの合意が取れているように思えない」

最初に一人が口火を切ると、他の参加者が挙手をし、ぬいぐるみを抱きながら話していく。

「既婚者を相手にするポリーは、法的にも弱い立場」

「物理的にも社会的にも、〈刺される〉リスクがあるよね」

「いざという時のことも含めて、お金が大事だなと常々思う」

「夫婦間でセックスレスだと、『隠れて外でしておいで』と、事実上のノンモノガミーになることがあるよね」

「それって don't ask, don't tell（聞くな、言うな：米軍の、同性愛者であることを隠せば入隊可能にする、との方針を表すフレーズ）みたいな。でも、自分なら、全てをつまびらかにしたい」

「逆に、隠すように制約されるのはしんどい」

「相手とは対等でありたい。騙し合いのような状態は続けたくない」

「そもそも、生物的には一対一が自然、って誰が言い始めたのだろう」

「婚姻制度と性行為が紐づけられていることに、そろそろ限界があると思う」

それぞれが、自分自身の体験とともに、テーマに沿った話を広げていく。聞く側も、誰一人、話を茶化したりしない。ここにいる誰にとっても、複数愛というテーマが自分ごとなのだ。

既婚者とのセックス。場所を選ばず話をしようものなら、仮にそれが身近な人への相談であっても、大きな反発を招くだろう。時には、法的リスクがあると諭されたり、道徳的な説教をされるだけで終わってしまいそうだ。実際、複数の人と恋愛するポリーは、特定単数の相手とだけ恋愛・結婚する人に比べて、法的にも社会的にも、不利になる場面が多い。

既婚の交際相手と合意が取れていても、交際相手の配偶者の合意が取れているとは限らない。既婚者であるパートナーが「うちは配偶者の合意が取れているから」「うちのは気にしないから」と伝えても、もしかしたら虚偽かもしれない。仮に、実際に配偶者の合意が得られていても、後に「やっぱり受け入れられなかった」と翻されてしまえば、「三人目」である人との関係性は否定され、排除されることにもなりうる。

二人目以降の女性パートナーについて、古くは「妾」「二号さん」「愛人」「おそばめ（側女）さん」と呼び、当初のパートナーを「正妻」などと呼び分ける慣習もあった。このような言葉があるということは、日本にも複数関係による恋愛の歴史がある証左だが、その呼び名に現れているように、こうした関係には、男性側から女性側への経済的な援助と引き換えに生じた対等とは言い難いニュアンスが含まれており、仮に当事者間の合意があったとしても、女性側が、社会的な偏見に晒されることは少なくなかった。

「妾」「愛人」などという言葉は、男性が主体であることが前提となっていて、女性が複数パートナーと交際する主体であることは想定されてこなかった。「一夫多妻的」な関係は想定されやすいが、「一妻多夫的」な関係は想定されにくいという一面は否定できない。そうした社会状況に、女性のポリーなどからは「自分たちがいないことにされている」という不満の声が上がる。

この日のテーマは「既婚者とのセックス」であったが、「既婚者である自分にとってのセックス」についても、話が広がった。

ポリランには、結婚してから、自分が「複数の人を好きになる気質」であることに気づいたという参加者も多い。また、結婚前から自分の気質に気づいていて、結婚を機にそれが「治る」と考えていたが、しかしそれが難しいことを思い知らされた、という当事者も多く集まる。

ポリアモリーやオープン・マリッジなど、ノンモノガミーな関係に賛同して結婚していたなら別だが、現代ではそうしたケースは少数だろう。だから多くの場合、ポリアモラスな感受性に気づいた当事者は、結婚してから事後的に、配偶者との「契約更新」を求めることが、大きな課題となる。

当然それは、一筋縄ではいかない。パートナーに、「これからはオープン・マリッジやポリアモリーにしたいのだけれど」と持ちかけたとしても、相手にすんなりと受け入れられることは稀である。

結婚制度は、倫理観、社会規範、社会通念と強固に結びついている。婚外恋愛や婚外性交のことを、わざわざ「倫理に反する」という意味である「不倫」と表すほどに、ノンモノガミーな関係への社会的な反発は根強い。本人同士の合意があるケースであったとしても、人々の多くは「奇想天外な恋愛」「理解のできない奇行」と大騒ぎをする。

倫理観のDIY

予定の三十分が過ぎ、今度はフリートークの時間となった。テーマトークで十分に気持ちがほぐれてきた参加者たちは、ここからもワイワイと語らいを続ける。

「マッチングアプリやリモート飲み会は、向き不向きがあるよね」

「恋愛は、作り続けていくもの。必ず経年変化するから、『この形でずっと』『一対一を一生』と決められるかは疑問」

「ポリアモリーには話し合いが重要だけど、話し合い不足が致命的になるのは、モノアモリー（単数愛）でも深刻だと思う」

「結婚した相手に、事後的にポリアモリーについての合意を得るのって、どうすればいいんだろう」

「ポリーを受け入れてもらう、ってどういうことなんだろう。『受け入れれば世界が変わるよ』なんて『教える』のも違うだろうし」

「モノだと思っている人にポリーの存在を伝えるのって、〈洗脳〉なのか〈脱洗脳〉なのか」

「メディアに取り上げられる家族像って、定型すぎますよね」

ポリランが開始されてから、三十分、一時間、二時間と、あっという間に時間が経っていく。それでもどうやら、話題が尽きることはないようだ。

ある参加者が「ポリアモリーに、コツってあるんだろうか」と話題を振ると、別の参加者が「自分はたまたま、相手とうまくいっただけ」と応じる。するとまた、別の参加者が、「モノガマスな人がうまくいくのも、たまたまなんじゃないかな」と返す。

また別の参加者が、「他に好きな人ができたから別れる、みたいなこと言うじゃない？ あれが理解できないんだ」と話すと、別の参加者が「椅子取りゲームみたいな感覚……？」と応じる。それに対してまた別の人が、「椅子が一つしかないなら、座布団を出せばいいんじゃないの？」と返す。

ポリアモリーの困難さについて話をすれば、自ずとモノ関係の困難さにも関心が向く。「なぜポリアモリーが実践できるのか」という問いは、すぐさま「なぜモノアモリーなら実践できるのか」「なぜモノガマスな人は、モノ以外の関係があり得ないという発想になるのか」という問いに結びつく。


フリートークの間、私は近くにいた、アセクシュアルかつポリーであるという一人の参加者と、「ポリーであると同時にアセクシュアルである当事者は、とても見えづらくなっているのではないか」というテーマで話し込んでいた。アセクシュアルとは「無性愛」とも訳され、他者に対して「性的に惹かれる」という感覚がない、あるいは弱い人のことを指す言葉だ。

ポリアモリーといえば、性に奔放というイメージが強い。とりわけ女性がポリーであることを明らかにした途端、「じゃあ、自分となんかどう？」と、雑な仕方でデートやセックスに誘われるケースがとても多い。だが、「複数の人と恋愛すること」「性欲が人より強いこと」「相手をあまり選ばずにセックスをすること」は、それぞれ全く別の問題である。

だからこそ当然、「複数の人を好きになるが、性欲は（ほとんど・まったく）持たない」という、ポリアモラスかつアセクシュアルである人も存在する。しかしそうした人は非常に可視化されにくく、結果としてポリアモリーの議論からも除外されがちとなる。

一般には、ポリアモリーといえばセックスをめぐる話だと思われがちである。しかし実際には、関係性をめぐる話である。そんなことを、私も参加者たちと話し合っていた。

「お話は尽きませんが、そろそろお時間となりましたので、締めたいと思いまーす！」

きのコさんが呼びかける。話し込んでいた参加者は、モゾモゾと姿勢を直し、全体を見渡し合う。普段は否定されがちな関係について向き合い、それぞれの倫理観を、手探りで語り合う時間は、参加者たちに大きな充実感をもたらしていたようだ。

「では、みんなで一言ずつ、今日の感想など言いましょうか」というきのコさんに従い、参加者が思い思いにコメントしていく。

「知らないことを知ることができて、豊かになれました」
「もっと自由でいいんだと、実践で伝えたいと思った」
「複数愛じゃない人の価値観も、否定したくないなと思った」
「やっぱり、相手の話を聞くことは大事だなと思いました」

一人が感想を述べるたびに、他の参加者が拍手で応じる。この日初参加だった女性は、

「今まで相談できる人がいなかったのですが、否定されることがないのがありがたかったです」と述べていた。その言葉を、多くの参加者が、柔和な表情で噛み締めていた。

社会に既にある倫理に従うのではなく、ＤＩＹ（自分自身で作る）感覚で倫理観を紡ぎ直す。そんな光景が、東京の片隅で繰り広げられていた。

きのコさんの場合――ポリアモリーの発信者

ポリランで幹事を務めていた、都内在住のきのコさん。彼女は会社員として勤める傍ら、執筆活動も行っており、著書『わたし、恋人が2人います。複数愛《ポリアモリー》という生き方』で、自身のポリアモリー体験をありのままに書き記している。

また、きのコさんは、本を出版する前から、ウェブ、雑誌、テレビなどで、ポリアモリーについて積極的に発信してきた。自分のことを「緊張しい」と言いながらも、進んで交流の場に出かけ、輪の中心になることも多い。

インタビューを行ったのは、コロナ禍でイベント自粛が要請されていた時期だった。ポリーラウンジの幹事会でも、ポリランの開催の是非を巡って議論があった。東京以外のイベントは、自粛あるいはリモート開催となっている。それでもきのコさんは、リアルでの開催にこだわった。

「やるかどうか悩んだけれど、とてもプライベートな対話になるので、心理的安全性のためにオフラインが必要だと思ったんです。家族がいる自宅からでは参加できない人もいますから」

そんな彼女は、どのようにして複数愛を生き、ポリランと出会ったのだろうか。

きのコさんは、子どもの頃から、親から幅広い性教育を受けており、性的マイノリティについての知識も身につけていた。あらかじめ知識を備えていたためか、女子校に通っていた頃には既に、「自分もレズビアンかバイセクシュアルかな」「他の人と違うかな」という思いを抱えていた。その頃から、同性にも異性にも、恋愛感情を抱くことが自然だった。また、小学一、二年生の時には既に、複数の人を好きにもなっていた。

この頃のきのコさんは、自身を「BL好きの腐女子」だと捉えていた。ただ、漫画や映画で描かれる同性愛表現を見ても、「自分自身の愛だとは思えなかった」という。そのモヤモヤは、後になって、多くのBLなどが単数愛を前提に描いていることへの違和感だと気づく。

異性愛の漫画であれ同性愛の漫画であれ、あるいはドラマであれ映画であれ、「二人の関係」を盛り上げるための仕掛けとして「三角関係」が用いられることは少なくない。だが、そうした物語は結局、「たった一人の相手」を選ぶことによって、決着することが多い。

「訳がわからなかった。なぜ取り合っているんだろう、選ばれなかった片方はどうなるんだろう、って思っていましたね」

複数愛は、物語に適度な緊張をもたらす舞台装置として描かれる。つまり、モノガマス（単数婚的）な二人を盛り上げるための障害として、である。「複数愛は、本来はあってはならないものなのだ」という否定的な意味づけが、そこにはある。

大学一年生の時。きのコさんは初めて男性と付き合うが、その数ヶ月後、新たに別の男性も好きになった。この時、「好きでいることが、悪いような感覚」が襲ったという。子どもの頃は抱いていなかった葛藤や罪悪感が、この頃には植え付けられていた。

そんな時、受講していた文化人類学の授業で、「地域によって様々な恋愛・結婚の形がある」ということを知る。日本などで導入されている単数婚＝モノガミーだけでなく、複数で婚姻関係を築く複数婚＝ポリガミーなどの様式があると学んだきのコさんは、帰宅してすぐ、ネットで検索を試みる。すると、ポリガミーの関連ワードとして「ポリアモリー」という言葉が目に飛び込んできた。

三人以上の人間が、納得して行う恋愛関係。そのような説明が、記事には書かれていた。「これや！」。きのコさんはハッとした。だが次の瞬間、すぐさま自己否定を行う。「無理無理。こんな訳のわからない横文字で正当化するのはよくない」「これは心の病気みたいなものだ」「ちゃんと一対一でなくては」。複数愛という概念とは出会ったものの、自身の感情については、より強く抑圧するようになってしまった。

「勇気が出なかったんです。むしろ、こういう風になってはならないと思うようになりました」

それから十年ほどは、一対一を前提とした恋愛関係を続ける。ただし、恋人とは別に、「他の人」がいる、という状態を長らく続けていた。つまり、俗にいう「浮気」を繰り返していたのだという。

「これではいけないと思い、二十七歳で結婚しました。〈矯正〉するためには、それしかないと思ったんですよね」

しかし、複数愛を「矯正」するのは困難だった。他の人を好きになることが止められず、「不倫」を繰り返してしまう。結果として、結婚生活は一年ほどで終了した。

離婚を経験した二十八歳の時。「不倫相手」だった彼に、「こそこそするのはもう嫌だ。一対一は無理。ポリアモリーというやり方でお付き合いしたい」と打ち明けた。だが、相手からは激怒されてしまった。

「離婚したんやから、俺のものになるやろ、って感覚だったんですよね。だからめちゃめちゃ喧嘩しました。結果的に、形の上では『いいよ』と言ってくれたんですけど、他の人とデートしたらとても怒る。試行錯誤の日々でした」

話し合いの結果、様々なルールが設けられた。デートの際には事前に連絡。お泊まりはやめる。必ず終電で帰る。毎日連絡を取る。こうしたルールを作るのに、とても時間がかかった。

「そのうち、お泊まりはダメというルールは無くなったり、事後報告でもいいよという風にもなりました。スケジュールはグーグルカレンダーで共有したり」

その彼とは今も、交際が続いている。やがて彼に、大きな変化が見られた。きのコさんのデートを許容するようになっていっただけではない。彼もまた、「他の人とデートをしたい」と告げてきたのだ。

「そうなんだ、行ってらっしゃい、と送り出したら、『とても楽しかった！』って笑顔で帰ってきて。『それはよかったね！』っていう感じで。向こうも、開かれていったというか」

今では互いに、「こんな人を好きになったよ」「この前新しい彼女ができたよ」という会話を交わすようになっている。そのような変化をした自分たちに、誇りにも似た感覚を持っているという。

離婚を経験し、彼との対話を重ねていた頃。きのコさんはＴｗｉｔｔｅｒ（現Ｘ）上で、関西で開催されるポリーラウンジの情報に触れた。

東京在住だったきのコさんだが、他のポリーに会いたいという一心で、高速バスに乗り込む。長距離移動を経て参加したポリランは、とても実り多いものだったと振り返る。

「何を話したとか、具体的には覚えていないんです。ただただ、みんな〈ポリフレンドリー〉で。否定せず自分の話を聞いてくれたのが、すごく嬉しくて」

その後、東京でもポリランが開かれていることを知り、都内でのイベントにも通うようになった。ただ、当時の幹事が関西に引っ越したため、関東での開催ができなくなってしまう。そこできのコさんが、東京のポリーラウンジを主催していくことになった。

「待っていても開かれないなら、やるしかないなと思って」

当初のポリラン参加者には、Ｔｗｉｔｔｅｒなどで知った人や、ＬＧＢＴコミュニティに所属している人が多かった。ただ、徐々にポリアモリーという概念が認知されてくると、参加者層にも変化が感じられた。

「深海菊絵さんの本が出た時に参加者層が変わりましたね。前は十代、二十代の人が多かったんですけど、年齢層があがりました。また、ＬＧＢＴの文脈とはそれまで接点を持たなかったような、シスジェンダー（性自認と生まれた時に割り当てられた性別とが同一であること）、ヘテロセクシュアル（異性愛）の人が増えて。既婚者やバツイチの人も増えました」

自分のパートナーから「ポリアモリーにしたい」と言われた人。「不倫状態」から「オープンな状態」に移行したいと考えている人。ポリアモリーについて調査している研究者やメディアの取材など。多いときには十人の枠に五十人以上の応募が来るなど、想定以上に注目が集まった。

「テレビのバラエティ番組の取材だと、大体質が低いですね。芸人さんがMCをやっているような番組だと、ほぼ最悪で。ポリアモリーを、キワモノ、フリークスとして扱うような。やらせ演出をしようとするのも多くて、『ここでキスシーンを』『ここでラブホデートの画を撮りたいです』みたいな。逆に、ネットメディアでは良質なものが多かった。AbemaTV（現ABEMA）で、SHELLYさんが司会をしている『Wの悲喜劇』は一番よかったですね。あと、『ONE MEDIA』で伊藤詩織さんに取材してもらったものも、とても質が高かった」

『Wの悲喜劇』は、司会者と複数の当事者とが座談会をするような形式の番組。『ONE MEDIA』は複数のポリーに取材した上で、ポリアモリーという概念を五分程度の短さでテンポ良く紹介する動画。いずれもポリーコミュニティでは、好感を持って受け止められた番組であった。

しかし、辟易するような取材も多いという。ポリアモリーを色物として扱ったり、あるいは逆に、「新時代の恋愛の形」などと過剰なフレームで取り上げたりといった具合だ。それでもきのコさんは、取材依頼に対して一つ一つ応答してきた。ポリアモリーという概念を広めるという意味もあるが、他のポリーの人が、「自分一人ではない」と思うようになってくれれば良いとも期待している。

「ポリアモリーには誤解も多い。単に否定する人もいるけれど、スワッピング、変態、フリーセックスなどと混同されたりもする。私はポリアモリーでもありビッチでもあって、ＳＭバーとか緊縛も好き。けれど、ポリアモリーであることと、ビッチであることは、イコールじゃないんですよ。

かと言って、私はポリアモリーを、クリーンなものだと言い張ったり、神聖化もしたくない。そんな当事者である自分が一番目立ってしまっているというのは、バランスは良くないかもしれない。けれど、こういう人もいるよっていう思いもあります。多分どの分野でも、最初に出てくる人は、とんがっている人に偏ってるんでしょうね」

スワッピングは、二組以上のカップルが、パートナーを交換してセックスなどを行うこと。フリーセックスは多義的な言葉だが、性規範からの自由を意味するほか、三人以上で行われる「グループセックス」や、不特定多数と気軽に性交する「カジュアル・セックス」などと捉える人もいる。その延長で、ポリアモリーも「不特定多数とのセックス」だと連想する人が多いが、ポリアモリーはあくまで、「特定複数との関係」を指し示す言葉である。

性に関する議論全般が、未整理のままである現状では、様々な性のあり方をごちゃ混ぜにした語りで溢れてしまう。「ポリーかつビッチ」を自称するきのコさんは、自分が表に出ることで、「ポリーはビッチ」との誤解が広がることについて悩みながらも、発信活動を続けていた。

シロさんと安岐さんの場合——ポリーラウンジの創設者

きのコさんは、ポリーラウンジに繋がったことで、「救われた」という感覚を得ていた。他にも多くのポリーが、ポリランと出会い、解放感を得るという体験をしている。

では、そもそも日本のポリーラウンジは、いかなる経緯で作られたのだろうか。

ポリランの創設者は、現在は会社経営者であるシロさん、三十五歳と、精神保健福祉士の安岐あきこさん、四十歳の二人だ。二人はパートナーである。ポリアモリー当事者であるシロさん自身が、「他のポリアモリーの人たちと会ってみたいから」と考えたことが、ポリランの出発点であった。

シロさん、安岐さんとは、きのコさんの紹介で繋がることができた。メッセージのやり取りを交わした上で、Ｚｏｏｍを使ってのインタビューに同意してくれた。当日は、同じ画面に、二人が仲良く並んでの取材となった。シロさんは短髪で、がっしりとした体型をしているが、物腰はとても柔らかだ。安岐さんは髪を後ろに縛り、シンプルなシャツを身につけていた。二人はときどき赤子をあやしつつ、ゆっくりと言葉を選びながら話をしてくれた。

シロさんは高校生の時、初めて複数の人を好きになった。当時付き合っていた人とは、また別の人を好きになったのだが、当時のシロさんの価値観では、それは「あってはならないこと」だった。

シロさんは自身の気持ちを、「恋人に冷めてしまったのではないか」と考え、別れを決めた。しかし、好きになったもう一人の相手とも、付き合うことはなかった。恋愛感情を打ち消し、受験勉強に専念したのだという。

「高校の時は、潔癖だったな、と思いますね。その後、大学に入ってから、ポリアモリーという概念を知って。確かに、複数の人を同時に好きになっていい、Aさんを好きな気持ちが、Bさんを好きになった瞬間、偽物になるんだというのもおかしいなと思って」

ポリアモリーという概念に出会った直接のきっかけは覚えていない。大学生の頃、シロさんは大学でジェンダー論を学んでいたので、ゼミの議論で出会ったのかもしれない。あるいはデボラ・アナポールの『ポリアモリー　恋愛革命』を読んだのがきっかけかもしれない。はたまた、トランスジェンダーなどの情報を発信する団体「ROS」が出していたムック、『恋愛のフツーがわかりません!!　ゆらぎのセクシュアリティ考2』で触れたのかもしれない。どれが最初の出会いだったかは定かではないものの、ジェンダーやセクシュアリティについて学べる環境に身を置いていたことが幸いした。

最初に「ポリアモリー」の概念に触れた時、シロさんはとても腑に落ちたことを覚えている。「どっちも好きという感覚を持っていたので、納得しました。おかしいことではないというか、裏切りとか順位付けではないというか」。その頃から、自身を複数愛者であると捉えるようになった。

大学四年生の時。シロさんは付き合っている女性以外の、他の男性を好きになった。「他にも付き合いたい人がいるんだけど」。そう交際相手に伝えたら、「じゃあ、私も、その彼と付き合いたい」と彼女が応じた。

「そこから、三人での付き合いが始まったんです。彼女はポリーというより、自分が仲間外れになるのが嫌だっていう感覚だったらしいんですけど。だから三人でデートしたりするようになって」

一人が二人のパートナーと交際することは、「ヴィー」と呼ばれる。対して、三人が全員と交際するという形のことは、「トライアド」と呼ばれる。相関図を書こうとすれば、ヴィーがアルファベットの「Ｖ」の形のようになり、トライアドは「△」の形になる。当時のシロさんは、トライアドのような関係を築いていたことになる。

三人の関係はその後、シロさんが就職のために関西から東京に移ったことをきっかけとして解消となった。しかしその後もシロさんは、複数愛者として生きていくこととなる。

二〇〇九年頃、シロさんは、当時サービスが普及し始めていたＴｗｉｔｔｅｒの利用を始める。Ｔｗｉｔｔｅｒは、「似た属性」の持ち主とつながるには、この上ないメディアである。シロさんもまた、他のポリーの人たちと、緩やかな繋がりを築いていった。

ある時、Ｔｗｉｔｔｅｒ上で知り合った他のポリーたちと、「ポリアモリーの集まりってないですよね」という話になった。「じゃあやりましょう」。こうして、オフ会のようにして始まったのが、ポリーラウンジだった。

二〇一〇年十二月、第一回ポリーラウンジが、東京で行われた。それはとても小さい集まりだった。新宿にあるカラオケ店「パセラ」の一室を借り、集まった十人足らずのメンバーで、おしゃべりをするだけ。それだけなのに、シロさんはこの上ない高揚感を覚えた。「僕の他にも、初めて当事者の人に会った、という人ばかりで。初対面の、背景も職種も違う人たちなんですけど。でも、とにかく盛り上がって、楽しかったんです。誰にも否定されない安心感もあって」。

　翌月二〇一一年一月には、すぐさま関西でもポリーラウンジが開催されることになった。関西での幹事は、東京のポリランにも参加していた、安岐あきこさんだった。

　安岐さん自身には、子供の頃から、「複数の人を好きになる」経験は特になかった。ただ大学生の頃には、「自分の恋人が、私の他に関係を持っていても構わないな」と考えるようになっていた。

「一人の人と付き合っていると、その人に所有されるみたいな感覚があるんですよね。特に男性と付き合っていた時は、私を〝指導〟する対象として見てくるというか、私を〝自分の思う正しい方向〟に導こうとしているように感じることが多々ありました。『こういうふうに考えるようにしなさい』というようなことを言われたり、『あきこのためだから』と言われたり。そういう感覚が嫌で。ああ、自分にはモノアモリーは無理だな、と思うようになったんです」

　安岐さんは、「ぼんやりしているので、あまり他人に好意を抱くことはない」と自分を位置付けている。複数を好きになるどころか、恋愛そのものにも積極的というわけでもない。そんな安岐さんがポリーを自認するようになったのは、モノアモリーやモノガミーを自明視するパートナーなどへの違和感がきっかけだった。

　安岐さんは、シロさんと昔から友人だったこともあり、ポリーラウンジの一回目から参加していた。その後、関西在住だった安岐さんは、関西開催での幹事を務めた。

東京の初期参加者は、ネットなどで出会った人が多いのに対し、大阪では、性的マイノリティらの人権や文化を尊重する「クィア運動」に参加していた人などの顔見知りも多かった。参加者には若干の傾向の違いも感じられた。その後どちらのラウンジも、定期的に開催していくことになる。

「LGBT関係のグループって、月一とかでミーティングスペースなどを設けて、誰でも話しに来ていいですよ、という場所を作ってきたんですよね。でも、ポリアモリーには、その場所がまだなかった。外国の人が多い『Meetup』というコミュニティサイトを通じた集まりはあったけれど、言語の壁があるし。誰でも気楽に参加できる場所が必要だな、と思ったんです」(シロさん)

当初から、場所作りをしようという気負いはなかった。あくまで「お茶会」のような感覚で継続していたのだが、そのうちにポリーラウンジは、参加するポリーたちにとって、欠かせないセーフスペースやコミュニティのような役割になってきた。

安岐さんが関西で幹事を務めていたことから、シロさんと一緒に飲みにいくなど親しくなり、二人は交際することになった。それから間もなく、安岐さんは他の人からも交際を申し込まれる。ただ、その関係は、うまくはいかなかったという。ポリアモラスな関係を過ごす幸福感もあった一方で、自責の念に苦しめられた。その正体は、なんだったのか。安岐さんは語る。

「ずっとモノガミーな社会で生きてきたからだと思うんですけど。一人の恋人と過ごしていることを、もう一人の恋人に申し訳なく思う必要は全くないんですけど。なんとなく申し訳ないような、後ろめたさを感じてしまう」

一方のシロさんは、「僕と、もう一人の男性との相性が合わなかった」ことも大きかったと振り返る。シロさんは、安岐さんの交際相手であるメタモア（パートナーのパートナー）に対して、「恋人を失うのが怖い」というような嫉妬ではなく、「あの、いけすかないやつと?」という苛立ちを覚えてしまっていた。

「その人へのコンプレックスがあったので。そのことで、安岐さんに居心地の悪さを与えていたんだと思います」（シロさん）

「複数愛を実践する前は、複数の恋人たちとみんなで一緒に旅行できたらいいなみたいな憧れもありましたけれど。実際には『この面子では無理だな』っていう現実もあって」（安岐さん）

全員がポリーだとしても、相性によってはうまくいかないこともある。それは、互いにモノガマスなカップルでも、うまくいかないのと同じだ。

結局、安岐さんはそのパートナーとの関係を解消することとなった。ポリアモリーの実践は、全員が合意していたからといって、直ちにうまくいくというわけではない。そうした様々な経験や課題などについても、シロさんや安岐さんは、ポリーラウンジの仲間たちと真剣に語り合ってきた。

増えていく仲間たち

ポリーラウンジの参加者は、徐々に増えていった。仲間が増えることには、嬉しさもあった。

「（参加者には）自分自身にネガティブなイメージを抱えた人も多かったですね。自分もそうでした。でもそれが、仲間と会えて、エンパワーメントされて、解放されて、リラックスして、自分の恋愛について話せて、笑顔で帰っていく。そんな役割もあるのかなとは思います」（シロさん）

ポリランはその後、安岐さんが幹事を務めた関西だけでなく、様々な地域へと広がっていく。そのたびに、各地主催の幹事メンバーも増えていった。

「ポリーラウンジは、誰かの持ち物じゃないんです。日本のどこかで開催し続けていることが大事なのかなと思って。いろいろな方に、積極的に幹事になっていただいたりしていきます」（シロさん）

幹事が増えてきた時期から、一定のルールのようなものができていった。「参加者のプライバシーを守るために、ここであったことを他言しない」「他人のことを否定しない」といったルールは、初期の段階から共通している。

「知識ではなく経験を、というのは東京のルールという感じかな。関西では『他人の性別やセクシュアリティを決めつけない』とか『時間の分かち合いにご協力ください』というルールがあったりとか」（安岐さん）

地域や幹事の雰囲気に応じて、話しやすいルールにアレンジできる自由さも特徴だ。地域によって、ポリランの雰囲気なども異なる。それぞれの自主性などを重んじつつも、安全な場所であることが大事だという。

ポリーラウンジへの参加者が増えていく中で、ポリアモリーという概念への注目も少しずつ集まり、取材の要望なども増えてきた。だが、取材対応には当初、随分と苦慮させられたという。

シロ「ポリーラウンジにきている人でも、顔出しOKの人はほとんどいないんですよね。メディアの不倫報道などを見ると余計に、カミングアウトするのを躊躇する。そうした中で、きのコさんが顔出しOKだったので、ポリーラウンジにきた取材は全部きのコさんが受けてくれるようになりました」

安岐「きのコさんだけに大変な思いをさせていると思うので、申し訳ないと思っています。テレビに出ると、内容に関係のないコメントとかも多くありますし。外見についての悪口とか」

シロ「顔出ししたら、叩かれるんじゃないかとみんな感じていて、やはりそれは怖いんです。ゲイやレズビアンと同じく、カミングアウトしにくいものではあるんですが、より倫理的でないとされがちなのではないかとも思います」

ポリランを十年近く継続するなかで、開催地も増え、問い合わせも増えた。その間、参加者の変化を感じることもある。特にきのコさんの露出が多くなってからは、「自分の話をしたいというより、有名かつ知識があるきのコさんに話を聞きたい」という人が増えた時期があったという。

また、「ポリアモリーに興味はあるが、これまで性的マイノリティをとりまく言葉や、性役割意識を疑う議論に触れたことがない」という参加者も増えてきた。すると、「男はこうじゃん」「女はこうでしょ」といった、性差別意識を内面化している参加者も現れる。そうした差別的発言への対応に苦慮することもあった。

「ほかにも、たまにあったのが、ポリアモリー当事者がモノアモリーのパートナーを連れて参加したい、というケースです。当事者は、パートナーの変化を期待しているけれど、モノアモリーの人は、来て話を聞いたからといって、自分のパートナーのポリアモリーを受け入れられるようになるとは限らないですし。また、パートナーと二人で参加したいと連絡があったのに、頑なになられたのかドタキャンになったケースもあります」(シロさん)

当初は想定しなかったような変化が多くあった。それでも柔軟に、そして緩やかに、ポリーラウンジは続いている。

インタビュー中、二人は交互に赤子をあやしながら、話に応じてくれていた。シロさんが話しているときは安岐さんが、安岐さんが話しているときはシロさんが、子供の世話をしていた。

ポリーのなかには、パートナー関係にある三人以上の大人たちが共同で子育てを行うポリファミリーを作っている人もいる。ポリアモリーと子育ての関係について、どう考えているか。そんな質問を投げかけると、二人は次のように答えてくれた。

シロ「僕たちは現在はたまたまお互いの他にパートナーがおらず〝普通〟のカップルに見えるので、現実的な課題などには直面していないんですが、ポリアモリーだと例えば〝クリスマスを誰と過ごすのか問題〟というのがあるんですよね。子育ての場合はそれが、参観日や保護者面談とかの対外的なイベントに誰が父親を名乗って参加するのかの調整になってくるのかなとは思います。でも、子育てに複数の人が関わることは悪いことではないと思うんです」

安岐「子供に、自分たちがポリアモリーだということを隠そうとは思わない。複数の人を好きになってもいいんだよと伝えたりすると思いますね。小さい頃からそういう価値観に触れていたら、それも当たり前と思ったりするんじゃないかな」

定型の家族に囚われないのも、ポリーである親の姿を見せるのも、特に後ろ向きには捉えていない。子供が成長する頃にも、複数愛への否定的な感情は、社会に残っているだろうとは思う。ポリーラウンジはその頃にはどうなっているだろう。シロさんはラウンジの今後について、次のように語った。

「必要とする人がいる限りは、誰かがやっていければいいと思うんです。そもそも、そんなのが必要のない世界ができれば、それはそれで幸せなのではないかとも思います。モノアモリーの人は、恋バナをどこでも自由にしています。ポリーラウンジのために遠方まで足を運ばなくてはいけないという状態は、なくなったほうがいいんじゃないかな」

ポリランではこれまで、数百人を超える当事者たちと繋がってきた。率先して繋がったポリーたちの発信は、間接的に各地の当事者たちに概念や言語を届けたり、社会通念の変化をもたらしたりしている。その一方で、多くのポリーたちは今なお、ポリランなどのコミュニティに直接繋がれず、孤立した状態で各々の複数愛を生きている。

第2章 ポリーたちの葛藤

物語のなかのポリアモリー消費

映画、ドラマ、漫画、アニメ等で、恋愛を描く物語の数々。そこでは、「パートナーがいない状態」から「パートナーがいる状態」への変化が、繰り返し描かれてきた。中には、「パートナー候補が複数いる状態」から、「パートナーを一人に決めた状態」へと主人公らがたどり着くという物語形式も少なくない。

そうした物語群にあって、ポリアモラスな人物の描写は、優柔不断で未熟な状態であるとして描かれたり、軽薄で中身が薄い人間であると描かれたり、感情が欠落していて人の気持ちがわからないと描かれたりしてきた。そうした人物を描いた作品は、一定の分類ができることに気づく。

例えば、ポリアモラスな状態を、あくまで「一人の伴侶」を決定するなどの結論にいたるまでのプロセスであるとして描く「過程型」。ポリアモラスな関係を築いた故に、その「罪」によって身を滅ぼしていく「破滅型」。ポリアモラスな関わり方を解消し、一対一の恋愛の良さに気づく「改心型」などである。いずれも、ポリアモラスな感性を不安定な状態であると位置付け、それが「改められる」ことが一つの結末とされがちである。

他方で、ポリアモラスな感性を、自然なものとして登場させる作品も生まれてきている。『鬼滅の刃』には、三人の妻を持つ宇髄天元というキャラクターが登場する。『君のことが大大大大大好きな100人の彼女』『カノジョも彼女』といった、同意に基づいて複数の恋人と交際するギャグ漫画も相次いで登場している。ポリアモリーを主題的に描く小説なども複数登場してきている。描かれ方については作品ごとの丁寧な論評が必要だが、エポックメイキングな作品が多く生まれていることは間違いない。

性にまつわる数々の規範

この社会には、さまざまな規範が存在している。規範はただ単に、社会のルールとして存在するのではない。社会秩序を維持するという名目のもと、他人を評価したり、批判したりする際にも用いられる。また、規範は、社会の中で生きている自分が、何かを判断するときの「拠るべき基準」ともなる。「普通はこうするものだ」という価値観に従っておけば、群居する仲間たちから非難されるリスクが下がる。そうして人は、規範に適応する努力をしつつ、同じような適応の仕方を選んでいない人に、非難の目を向けることにもなる。

性に関わる、いくつかの代表的な規範を見てみよう。

・ジェンダー規範

男は男らしく、女は女らしくといったジェンダー規範は、その規範から外れた者を、「なよなよしている」「女みたいな野郎」「わきまえていない」「女のくせに」と言った言葉でなじる。

男性は泣いてはならず、女性は笑顔でいなくてはならない。男性は力仕事をし、女性はケアの仕事をする。被災地では男性はがれきの撤去をし、女性はおにぎり作りをする。あらゆる場面で、人々をジェンダー化する言葉が飛び交い、固定化されたイメージの通りに振る舞うことを求めてくる。

恋愛においても、典型的なジェンダー規範が求められることは多い。男性が奢り、女性は相手を楽しませる。男性が車道側を歩き、女性は男性の腕に捕まる。デートの際にも、生活の際にも、それぞれの性役割が求められる。ジェンダー規範の前提には、男性に求められる女性こそが素晴らしく、また女性を守れる男性こそが評価されるべきだという発想が横たわっている。

・異性愛規範

異性は異なる存在であると共に、相互に惹かれ合うものであるという通念がある。恋愛は異性同士のみで行われるべきだという「異性愛規範」にたてば、同性愛者（ゲイやレズビアン）や両性愛者（バイセクシュアル）、全性愛者（パンセクシュアル）の存在は不可視化されるか、「異常」なものであるとされてしまう。

異性愛者が、誰かと恋愛したり結婚したりするのは、必ずしも「繁殖」を目的にしているというわけではない。にもかかわらず、同性愛者らが結婚と生活の権利を主張すると、「種の保存に反する」「生産性がない」といった攻撃が加えられる。

・恋愛中心主義

恋愛関係は、友情や労働よりも尊重されるべきだという考えも、ひとつの大きな規範だ。このような「恋愛中心主義」に立てば、恋人との時間よりも、ゲームや仕事を楽しむような人は、「人でなし」「寂しい人」と蔑まれ、人として不適格であるかのように語られる。ここでは、恋愛こそが人間のメインフィールドであり、恋愛において見せる顔こそが、その人の本性であるといった思想が垣間見える。

現在の性規範では、シングル＝独り身であることも否定される。パートナーがいない人に対して、不安定で不十分な状態であると評価を下し、人間的に問題があるかのように語る。こうした独身者に対するステレオタイプは、「シングリズム（独身差別）」と呼ばれている。恋愛中心主義は、恋愛的な惹かれ感覚を強く持たない「アロマンティック」の人々や、望むと望まないとにかかわらず、シングルで生活している人の存在を軽視することにもつながる。

・ロマンティック・ラブ・イデオロギー

恋愛・セックス・生殖は、結婚制度を通じて「三位一体」のものと考えられている。このような「ロマンティック・ラブ・イデオロギー」は、今でも根強く支持されている。

多くのドラマやコミックが、男女が「くっつく」ことを物語上のゴールであるかのように位置付けてきた。今では結婚制度から解放されたように見えるセックスも、なお持続的で排他的な伴侶関係の中でこそ行われるべきであると推奨されている。

長らく性関係が継続したにもかかわらず「交際」を宣言しないのは、「都合が良い」関係にすぎないと否定される。また、長らく交際が継続したにもかかわらず、結婚しないのであれば、「無責任」「時間の浪費」と非難されてしまう。

・伴侶規範
誰かの伴侶となることには、暗黙のルールが多数存在している。交際するということは、その相手とのデートやセックスの権利を独占することを意味する。また、他の交友関係よりもパートナーを優先し、まめに連絡を取り、相手のケアを疎かにしてはならないのだと考えられる。

双方が仕事を第一と考えたり、セックスレスであったりという関係は、カップルとして「終わっている」「破綻している」などと位置付けられる。デートの頻度が極端に少なかったり、記念日に他の友人と遊んだりということは、別れるに足る十分な理由であると考えられる。

・モノ規範
さまざまな性規範の中でも、特に強力なものがある。それは、恋愛は一対一の関係で行うべきだとする「モノ規範」だ。すでに述べたように、「モノ」は、「単数」を意味する言葉である。

モノ規範は、伴侶という枠を、「一枠しかないもの」であると考える。そしてその枠には、よりよい、宿命的であると思える相手を迎えるべきであるとする。

仮に、現在の恋人と比べて「よりよい相手」を見つけた場合、相手と別れてから、新たな交際を始めることが道理であるとされる。このように、恋愛を順番に行う連続恋愛や連続的単婚（シリアルモノガミー、シリアルは「連続」を意味する言葉）は許されるが、複数との同時恋愛は許されないものとされる。つまり、「乗り換え時期の重複」や「お試し」は、表面的にはあってはならないものとされる。

パートナーとの出会いをオンラインで求め合うマッチングアプリの世界でも、モノ規範を前提とするような、定型のフレーズがしばしば登場する。例えば「真剣な交際」「真面目な関係」「恋人がいる人はお断り」といったものだ。もちろん、個々の利用者がミスマッチを予防するために、モノガマスな関係を期待していることを明記することは、必要なことでもあるだろう。ここでは、その「言葉の使われ方」に注目しよう。

恋愛市場では、結婚を視野に入れた持続的で発展的な恋愛こそが「シリアス・リレーションシップ（serious relationship）」と呼ばれる。恋愛を伴わないセックスは「ワンナイト」「FWB（friends with benefits ＝利益を伴う友人）」「セックスフレンド」「カジュアル・セックス」と言われ、総じて「不真面目」なものであるとされる。

多くのユーザーは、「本気の方のみお願いします」「FWB×」といった表記を行うことで、恋愛や結婚につながらないセックスを求める人を、あらかじめ断っている。また、マッチングアプリには、悪質ユーザーを通報する機能があるが、その中には「すでに恋人がいる」といったものも含まれている。

とはいえ実際には、複数の相手を好きになる人が、少なからず存在する。そして、すでにパートナーがいる人を好きになった経験がある人も、現に複数の人と交際する人も存在している。モノ規範が支配的である社会であっても、個々人の欲望や関係性の中には、複数愛的な関係があり続けてきた。

プロローグで紹介したポリランの参加者の多くは、まさにそのような関係性を生きる当事者たちである。しかし複数愛関係は、モノ規範の中では、「我慢し、抑えるべき欲望」「禁断の愛」などと位置付けられてきた。そのような規範は、モノガミストだけが内面化しているものではない。モノ規範を内面化し、葛藤し続けるポリーたちは、実に多い。

「関係指向」という視点

ところで、どのような相手を好きになる傾向があるのかを表す言葉に、「性的指向(sexual orientation)」がある。同性を好きになるのか、異性を好きになるのか。性的指向という言葉が浸透してきた今では、自分が異性愛＝ヘテロセクシュアルなのか、同性愛＝ゲイやレズビアンなのか、あるいは両性愛＝バイセクシュアルや全性愛＝パンセクシュアルなのかといった整理も、あるいは相手への理解や尊重も可能にはなってきている。

また、他人に性的に惹かれることと、恋愛的に惹かれることとは分けて考える必要が多々生じていることから、「性的指向」とは別に「恋愛指向(romantic orientation)」という言葉も用いられる。

例えば他者に恋愛的な惹かれを抱きにくいアロマンティックと、他者に性的な惹かれを抱きにくいアセクシュアルとがあるが、性的な惹かれと恋愛的な惹かれは必ずしも一致するものではない。「性的な惹かれは抱くが恋愛的な惹かれは抱きにくい」「恋愛的な惹かれは抱くが性的な惹かれは抱きにくい」という人もいるのだ。

「性的指向」をめぐる言葉も、「恋愛指向」をめぐる言葉も、多様な性が存在する中で、各々のあり方などを言語化するためには、とても有用なものだ。

では、モノガミーやポリアモリーといった、「関係性のあり方」や「関係性の好ましさ」についての言葉はどうか。これらを理解するためには、「関係指向（relationship orientation）」という言葉が役立ってくれる。

関係指向とは、相手とどのような関係を築くことを好ましいと捉えるのか、その傾向を説明するための概念だ。関係指向もまた、その実際は多様である。誰とも交際したくないのか。一人とのみ交際したいのか。複数の相手と交際したいのか。さらには相手には自分だけと交際して欲しいのか。相手が自分以外の人と交際しても構わないのか。むしろ自分以外の人とも交際して欲しいのか。

「関係性の好ましさ」は人それぞれであり、多元的で濃淡のあるグラデーションを描くものだ。それこそ、一見カジュアルな問いのように見える、「恋人と頻繁に会いたい？　たまに会うくらいが良い？」というようなものですら、相互の時間をどれほど拘束しあう関係性でいたいのか、という欲望と深く繋がっている。

この社会に存在する多様な関係性の中には、モノ規範に収まらない欲望や形態も存在してきた。だがそれらは、「我慢すべきもの」であり、逸脱したものは社会的に非難されるという、わかりやすい抑圧の対象であった。

そう。この社会は、モノガミーをこそ推奨する「モノソーシャル（モノガミー社会）」となっている。モノソーシャルの中では、単数愛こそが「あるべき関係性」であると位置付けられる。そしてモノ単位のカップルを築かない、築けない、築いていないような、シングルやポリアモリー、その他、人と人とのモノガマスな関係を前提としない当事者は、「あるべき姿ではないもの」として、いわば「リレーションシップ・マイノリティ（関係性の少数者）」であると位置付けられることとなる。

そのような社会にあって、複数愛やポリアモリーという言葉の広がりは、従来のモノ規範から排除されがちだった関係指向を持った当事者たちを可視化し、つなぐものとして機能している。また、関係指向といった概念などは、ポリー以外のさまざまな存在をも包摂的に語ることを可能にしてくれる。

遥香さんの場合――罪悪感、うつ病、そして回復

遥香さん、三十二歳、東京在住。

普段はデザインの仕事をしている。英語や韓国語が話せることもあって、翻訳活動や、複数言語話者と交流するカフェを企画するなど、幅広く積極的に活動している。あちこちに旅行するのも好きで、同じ場所に留まることが苦手。そんな彼女だが、以前はメンタルが落ち込むことが続いており、強弱様々な希死念慮が、波のように打ち寄せてきたという。

彼女の抑鬱感は、自身の複数愛傾向が、大きな要因となっていた。

遥香さんの「複数愛」の原体験は、中学生の時だった。

女子校に通っていた遥香さんには、好きな女性がいた。若い頃から、レズビアン、あるいは男女いずれにも好意を抱きうるバイセクシュアル（両性愛）であると自覚していたという。しかし、その女性に彼氏ができたことで、結果的に自分が排除されるような形になってしまった。なぜ交際したら、友人などを含めた他の人が排除されてしまうのか。どうして自分は、好きな人に距離を取られなくてはならないのか。その時は強いジェラシーを抱いたが、自分のネガティブな感情に疲れ果て、その後は全く、嫉妬をしなくなったという。

「その時に、嫉妬の炎を燃やし尽くしたんじゃないかと思います（笑）」

大学生の時には既に、複数の人を好きになることがあった。遥香さんにとって、複数の人に対して、同時に好意を抱くのは、極めて自然なことだった。その気持ちに特に制限をかけることなく、「ふわふわと」生活していたという。

好意を抱くのは自由だし、誰かに止められるものでもない。ただそうした感情は、もしかしたら若い頃だけなのかもしれない。自分も結婚したら、「落ち着く」かもしれない。そんなことも、どこかで意識していた。

二十九歳の頃。二十七歳から付き合っていた男性と、結婚式を挙げた。しかしその後も、他にも好きな人が出来続けた。「結婚したのに、私はなんで、こうなんだろう」。結婚を機に変わるのではないかという期待が叶わなかったことに、遥香さんは愕然とする。

式を挙げた男性のことが、好きでなくなったというわけではない。その間に恋に落ちた相手はみんな、それぞれに「素敵」だと感じる。でもどうやら、結婚したからには、それぞれを同時に好きであるということの感情は否定しないといけないものらしい。複数愛をめぐる葛藤が、体を締め付けていくようだった。

その頃遥香さんは、記事投稿サービス「ｎｏｔｅ」にて、ポリアモリーについて書かれた記事を見つける。その記事を書いたのは友人で、自身がポリーであり、今は当事者としての実践をはじめているのだと記述してあった。「自分にかなり近い感覚だ」。遥香さんは、そう思った。そうか、自分は「複数愛者」なのか、そう自己認識をするようになった。だが、その頃からさらに、遥香さんのメンタルは落ち込んでいく。

複数の人を好きになること、あるいは相手が複数の人を好きになること自体には、罪悪感や否定的な感情はない。また、遥香さんはこれまで、男性や女性、トランス男性などに好意を抱いてきたが、自分が性的マイノリティであることへの否定感情もない。しかし、「旦那さんの期待に応えられないのか」「自分の性質だということは、結婚しても変わらないのか」と考えると、とても憂鬱な気分に襲われた。他人に喜ばれるのが好きな遥香さんにとって、「人の期待に応えられないのではないか」という感覚は、大きな苦悩だった。

「私のことを複数愛者だと思ってもみない旦那さんが、こんな訳のわからない価値観を持っている自分と結婚したと後で知ることになると、どうなってしまうんだろう」

遥香さんはこのような考えにとらわれ、鬱状態となる。その頃から、「もう死ぬしかない」という考えが止まらなくなっていった。

「旦那さん」に正直に伝えれば、相手を女性不信にするかもしれない。相手の家族も、「旦那さん」の幸福を期待していたのに、それを裏切ることになる。かといって隠し続けると、人に嘘をつき、自分にも嘘をつくことになる。

「どんどん鬱がひどくなって。仕事もうまくできなくなってきたので、これはもう言うしかないんだなと思って。瀕死の状態で、相手に伝えました」

「旦那さん」からの反応は、意外なものだった。「そんなに申し訳ないと思わなくていい。だからそんなに、死にそうにならないでほしい」「自分もそんなに拒否反応などはないよ」。非難でも否定でもなく、慰めとケアの言葉が向けられた。

しかし、「旦那さん」からの声がけがあっても、遥香さんは「気を使ってるのかな」と感じてしまう。「優しい人だから、ひとまず私を死なせないためにそう言ってくれているんじゃないか」。相手が理解に努めようとしている姿に、さらに「申し訳なさ」や「罪悪感」が刺激された。

その後も鬱は、一向に緩和されない。それどころか、罪悪感が刺激され続け、さらに悪化していった。

一年ほどが経ち、三十一歳になる前。「一度、全部を棚上げするため」と、遥香さんはワーキングホリデーで北欧へと旅に出る。日本から、「旦那さん」から、物理的に距離を置いて考えれば、何か整理されるかもしれない。

その頃から、遥香さんには性嫌悪のような症状が現れてきた。セックスは疎か、手を繋ぐことも含めて「無理」になった。

「こんな価値観で恋愛すると、結局相手を傷つける。そんな自分が恋愛するのはとても気持ち悪い」

これまで、好きな人がいない時期は人生で全くなかったのだが、それが初めて、「無」のような状態になった。

性嫌悪のような症状は、アプローチしてくる相手そのものへの嫌悪というより、自分自身への嫌悪だったのではないか。遥香さんはそのように振り返る。

北欧に滞在中、一度だけ「旦那さん」が会いにきたことがある。しかし、彼が「会いに来る」とわかった段階で、症状が悪化してしまう。

「海外にいって、時間をおいたから、そろそろ大丈夫だと向こうは思ったかもしれない。でもセックスもできなかったし、手も繋ぎたくないし。気持ちの面でダメでした」

その後、日本に帰っても、気分はすぐれないまま。心身が限界に達した時、「旦那さん」と話し合い、別れることになった。

同居生活を解消し、別々の暮らしを始めた頃から、遥香さんは周囲に「自分はポリーです」とカミングアウトするようになった。次第に、自己否定的な性嫌悪は落ち着いてきた。

「あらかじめオープンにしていれば、それを受け入れられない人は、寄ってこない」、また、同じ人がいるんだと誰かに思ってもらえるなら、という思いもあった。自己開示をするたびに、気持ちが楽になっていった。

「意外と、否定的な反応はなかったですね。バイセクシュアルは少しずつ受け入れられているように思うけれど、ポリアモリーはそれ以上に、受け入れられないような気はする。それでも、そんなの関係なく、あなた自身が好きだと友人に言われたりすると、とても嬉しい」

遥香さんには、今はモノガマスなパートナーがいる。相手はポリアモリーについて、真剣に理解するよう努めてくれてはいる。だが、実際に「他の人とも交際してみるね」と提案したことはない。まだまだ手探りだが、「ポリーである」自分を否定しないようにしている。

どのような形であれ、互いに縛ることには抵抗がある。また鬱状態には戻りたくないし、自由な自分を生きていたい。しかし今でも、ふとした瞬間に、希死念慮が湧いてくる。

遥香さんは私が取材するまで、他のノンモノガミーの人とじっくり話をしたことがなかったという。取材後、ＬＧＢＴフレンドリーで、関係指向についても理解の深いカウンセラーの存在を伝えると、早速連絡をとったらしい。その後も継続的に、回復への道を進んでいる。

「完璧でなくてはいけない、誰かの期待に応えなくてはいけない、という自分の考え方も、改めていければいいなと思いますね。もっと、ありのままを楽しめるようになれたら、と思います」

ポリーと希死念慮

ポリアモリー当事者たちはしばしば、他人から「人の心の痛みが分からない人間」であるかのように語られる。実際にそのような言葉をぶつけられたという当事者も少なくない。

一方でポリーのほとんどが、これまで生きてきたなかで内面化してきたモノ規範と、自身の関係指向との間で葛藤を続けた経験がある。マイノリティストレスが重なることで、不安感・鬱・自傷行為・希死念慮・自殺企図に直面してきたポリーも多い。

英語圏で行われた研究では、モノガミーとポリアモリー（あるいはノンモノガミー）を比較したものがいくつもある。その一つに、過去の自殺企図や希死念慮などを尋ね、関係指向と自殺関連行動との関係を評価した調査がある。

調査の結果、ノンモノガミーであることは、モノガミーであることと比較して、自殺行動を起こすことが多いという結果であった。複数愛者は偏見への恐れや、現在のモノ規範の内面化によって、自らのアイデンティティを秘匿する傾向が強く、これがモノガマス（単数婚的）な人々よりも、自殺行動のリスクを上げているのではないかと考察されている。

すなわち、ポリアモリーやノンモノガミーそのものが有害であるのではなく、モノ規範から外れた人への偏見、ここではポリアモリーなどへの偏見が有害なのではないかということだ。なお同研究では、シングルの人にも高いリスクがあることもわかっている。

遥香さんも長い間、モノ規範との葛藤に苦しみ、うつ病を患っていた。アイデンティティの秘匿を続けたのちに、命からがらのカミングアウト。パートナーが理解や合意を示しても、罪悪感や自罰感情から、その関係性を持続できなかった。

慢性的な希死念慮に、衝動的な焦燥感が組み合わさると、時には「死ななくてはいけない」という考えに頭の中が支配される。この時、不安や衝動に対する「コーピング（ストレスへの意図的な対処）手段」が適切に取れれば、衝動を抑え、長期的には症状も緩和できる。

だが逆に、周囲に相談できず、状況が改善できないことが続けば、希死念慮は増大し、突発的に自死を遂げるリスクが高まってしまう。ポリーの「相談しにくさ」は、精神的な健康悪化に直結する問題でもある。

ポリーに対しては、不真面目、不埒、不誠実といった否定的な目を向けられることは多い。だが実際には、遥香さんのように、「葛藤する複数愛者」は少なくない。その葛藤や苦悩に対して、現在の日本では、参考になるロールモデルがあまりに少ないという状況である。

インタビューでも、ポリーラウンジなどでの自己開示でも、掲示板やチャットルームでの自己紹介や相談などでも。ポリーたちのライフヒストリーでは、次のような語りが頻出する。それは、〈モノ規範の内面化→ポリアモラスな気質との葛藤→ポリアモリーという概念・言葉の獲得→規範意識の再構築〉というプロセスを経て、自分なりのルールと共に生き直す、というものだ。

多くのポリーは、モノソーシャルの中で育つため、元々はモノ規範を身につけてきた。だが、恋愛などをきっかけに、その規範と自身の欲求との間に葛藤を抱くことになる。そのうちに、自分に複数の人を好きになるという「性質」があることを受け止め、複数愛という「形式」があることを知り、そのような「ライフスタイル」を実践することを目指し、いずれはモノ規範に縛られない包摂的な社会を望む、というような変化をたどる人が多い。もちろん中には、概念を知ったり、他の当事者がいることを知る前に、ポリアモラスな恋愛を実践する者もいる。

ポリーたちの葛藤は、心理的ケアの領域でも議論され始めている。ポリアモリー当事者で、鬱などを経験した者が少なくないことを考えれば、当然のこととも言えるだろう。

アメリカ心理学会は二〇一三年、複数愛についての研究を進めるとともに、「経験に基づいたリソース」を増やし、ひいては教育や心理学診療など、さまざまな分野の議論において、複数愛の存在を包含するように働きかけるタスクフォースを設置している。つまり、今後の心理学研究においては、モノガミーの存在だけを前提とするのではなく、さまざまな関係指向が存在することを前提に、研究やカウンセリングができるようにしていきましょう、ということだ。

こうした検討は、人口統計調査のあり方や、教科書や論文への記述など、広く各分野の議論を進めるためのベースとなりうるものでもある。それはいずれ、日本の研究分野にも影響を与えるだろう。

現代社会では、モノガミーが前提とされ、それ以外の関係性は、常に否定的に語られがちである。そうした状況によって多くの当事者が抑圧を感じている実態に対し、臨床心理の分野がいち早く反応したというのは、必然なのかもしれない。

「ポリー」とは誰のことなのか

さてここで、ポリアモリーという言葉はどのように生まれたのか、ポリー（ポリアモリー実践者）とはどういう人を指すのか、あらためて整理してみたい。

一九九五年、アメリカの複数愛当事者団体「ラヴィング・モア」が、「ポリアモリー」という言葉を採用する。この用語が提唱される以前まで、当事者たちは「合意あるノンモノガミー（非単数婚）（consensual non-monogamy：CNMとも略される）」や「責任あるノンモノガミー主義者」といった言葉で表現されていた。

こうした言葉からもわかるように、ポリアモリーでは、当事者同士の合意と責任が重視されている。そのためポリーとは、「パートナー間でそれぞれに合意しながら、複数愛関係を実践している人、あるいはそれを望む人」ということになる。

ポリアモリーという言葉が生まれる前史には、自由恋愛運動の流れがある。とりわけ一九六〇年代の「性の解放運動」以降、自由恋愛をめぐる議論は、ヒッピーカルチャー、フェミニズム、マイノリティ運動などと結びつき、発展してきた。それらの議論は、「所有」や「支配」を前提とするような、家父長制的な発想を批判しながら、「自由」「自己決定」「新たな繋がり」を重視してきた。

こうした歴史を踏まえれば、ポリアモリーが、従来の独占的な恋愛形式を、「抑圧」だと捉えるムーブメントを経て生まれたことがわかるだろう。ポリアモリーは広く見れば、単に個人にとっての好ましさを議論するための言葉ではない。人の繋がりの可能性を、モノカップル単位に閉じ込めようとすることから距離をとりつつ、「フリーセックス」のリスク面についても考慮・反省したうえで、より豊かな関係性やコミュニティを形成しようというムーブメントと結びついた言葉でもある。

一方で現在の日本では、多くの人が「ポリアモリー」という言葉を、自己定義を探るための言葉として用いている。ポリーラウンジへの参加者の発言を見てもわかるように、パートナーや周囲からの反発を恐れてカミングアウトできてはいないが、自身はポリアモラス（複数愛的）である、「隠れポリー」であると自認している当事者も多数いる。

ポリアモリーとは、指向性を指すのか、関係性の状態を指すのか。セクシュアリティなのか、ライフスタイルなのか。先天的なのか、後天的なのか。変えられない属性なのか、選択された生き方なのか。そしてポリアモリーは、「性的マイノリティ」の一つとして捉えるべきなのか。このような点については、さまざまな議論がある。

さらにいえば、モノガマスな人であっても、多くの場合は時間の経過と共に、性愛、恋愛、友愛の境界が曖昧な絆へと変化する。ポリアモリーという形態もまた、恋愛や性愛に限らず、友愛感情に基づいた人間関係にも、人の繋がりを拡張する可能性をもつ。たとえば、恋愛に基づいていない、シェアハウスや「友情婚」を含め、モノ規範にとらわれない関係を作っていくためのヒントとして、ポリアモリーという言葉が参照されることもある。

いずれにしてもポリアモリーは、それぞれの当事者が自己や他者と向き合うための、重要な概念として参照されていることは間違いないだろう。

関係指向と関係様式

ポリアモリーは、狭くは「親密な関係にあるすべての人と」「合意を得た上で」「交際状況をオープンにし」「性愛関係を」「持続的に築くことを」「実践する形態」という定義になる。この定義の場合、先ほど登場した遥香さん自身が置かれる状態は、「ポリアモリー」の範囲から外れることになる。

ただし日本では今、「ポリアモリー」という言葉は、徐々に拡張されて使われてもいる。先の狭義の定義を満たしているかどうかにかかわらず、「複数愛傾向のある人」が、「ポリアモリー」という言葉で自己定義するケースが多く見受けられるのだ。つまり、「私はポリアモリーです」と語る人が相当数いる。

そこで、混乱をさけるためにも、「関係指向」と「関係様式」という言葉を使い分けながら、ポリアモリーの概念を整理してみよう。


関係指向（relationship orientation）とは、相手とどのような関係を築くことを好ましいと捉えるのか、その傾向を説明するための概念だ。

決まった恋人を作りたくない者。誰とも性関係を築きたくない者。一対一であることを約束した関係が好ましい者。そして、複数との交際が好ましい者（ポリアモラス）。人によって関係指向は異なり、その実は多様である。

関係指向は、必ずしも先天的な気質のみに縛られない。相手との合意が形成された実践をしていないがゆえに、「定義としては、〈未だ〉ポリアモリーとは言えない状態」の人であったとしても、その人の関係指向は、「複数の人との性愛関係を求めがちなポリアモラスな人」であると語られる。


関係様式（relationship type）は、その人の選択した形態や、その人の置かれている状態などを指し示す。

単数婚（モノガミー）なのか、オープン・リレーションシップなのか、シングルなのか、複数のパートナーがいるのか。このように区別をすると、「モノ指向だが、今はシングルである」（独り身のモノガミスト）、「ポリ指向だが、今はパートナーは一人だけである」（シングル・ポリー）、「モノ指向ではあるが、嫉妬感情がないので、今はポリーなパートナーと交際している」など、さまざまなバリエーションを俯瞰することができる。

どのような関係指向を持つ人であっても、人生のさまざまなタイミングで、関係様式を変化させることになる。関係指向と、関係様式、そしてその人の気分と、その人の今置かれている状態。それぞれは、必ずしも一致するとは限らない。

誰かと交際したり、結婚したり、別れたりといったイベントによって、その人の関係ステータスは変化するだろう。モノガミー指向の人でも、「恋人と別れてシングルである」「いい出会いがなくてフリーのまま」といったようなことは当たり前におこっている。

人は、葛藤し、変化する。交際がコミュニケーションである以上、その関係性が変わることもある。モノガマスな人であっても、他者を求めている時期、一人が好ましい時期、恋人と仲睦まじい時期があるように、複数愛を生きる人も、シングル、ポリアモリー、スウィンガー（セックスだけの関係を複数の人と結ぶ人）など、様々な形態を行き来することになる。

本書ではひとまず、複数の人と交際する関係様式のことを「ポリアモリー」とし、その関係様式を選択する人、あるいは選択を望む人を「ポリー」としておく。

遥香さんも、「自分はポリアモリー」という言葉で自己定義していた。他方で遥香さんの今のパートナーはモノガミストである。そのため、もし遥香さんが新たな恋人を作るとなった場合、受動的な仕方で、ポリアモリー実践のメンバーということになる。こうした人のことを、ひとまず「受動的ポリー」と呼んでおこう。

ポリアモリーという言葉は、遥香さんにとって、自己吟味のための大きなきっかけとなった。そして、パートナーとの対話の道具にもなった。さらには自分の精神的健康を維持するために意識すべき、セルフケアのための重要な助けにもなった。

ポリアモリーという概念の広がりは、多くの人に、対話を促すきっかけとなっている。どんな人にも、自分にとって望ましい関係様式とはどのようなものなのかという問いとは、おそらく無関係ではいられないはずだ。

第3章

ポリアモリーとの出会い

彩葉さんの場合――「婚外恋愛の黙認」状態へのモヤモヤ

大阪で自営業をしている彩葉さん、三十八歳。小柄な女性で、質問にハキハキと答えてくれる。

彼女が明確に、複数の人を好きになったのは、十九歳の時だった。きっかけは、高校時代からの彼氏とは別に、同じ大学の人を好きになったこと。彩葉さんが悩んでいると、彼氏から、「誰も報われないのでせめて一人選んで」と言われる。結局彩葉さんは、大学の人を選んだ。

彩葉さんはそれまで、「恋をしたら一途でなければ」という意識を強く持っていた。その分、自分が複数の人を好きになったことに対して、自責の念も強かった。

「昔から、あの人素敵だな、この人も素敵だな、という感覚はずっとあったんです。でも、世の中は、恋愛は一対一でするもので、それを踏み外したら怒られる、と思っていたので、抑えてきました。漫画が好きだったので、ロマンティックな愛に憧れていたのもあります」

今となって振り返れば、思春期になるにつれて、ロマンティック・ラブを描かない漫画にも惹かれていた。日本橋ヨヲコ、小池田マヤ。そうした作品に触れるたび、「もっと自由に生きてもいいのではないか」と自問自答していた。

「でもこの世界は、フィクションではない。自由を求める自分がおかしい。自分は人としてダメなんだと考えていました」

そのようにして、彩葉さんは自分の感情に蓋をしていった。

高校時代からの彼氏との交際をやめて付きあった同じ大学の人が、現在の夫になる。大学を出て間もない五月、二人は結婚した。結婚前、彩葉さんには、夫以外に同時に恋愛関係にあった人がいた。しかし、「けじめ」をつけなくてはと考え、別れることにしたという。

「私の恋愛は、一回好きになったら、ずっと好きでいるんです。別れた人たちとも、今でも連絡を取りたいし、元気でいて欲しい。みんなずっと大事なんですよね。遠くにいる親戚みたいな感覚で。今は夫との間に子供がいるんですけど、できれば、歴代彼氏の子供が一人ずつ欲しかったな、と思います。もったいなかったな、って」

彩葉さんがポリアモリーという言葉と出会ったのは、結婚してずいぶんと時間がたってからだった。俳優の今井雅之氏が亡くなったあと、今井氏がポリアモラスな関係を築いていたことが一部メディアで報じられたのだ。

「三人でいる時も幸せだし、後の二人が何かしている時も幸せに感じると説明されていたんですよね。いわゆるコンパージョンの感覚（好きな人が他の人に愛されていることに喜びを抱く感覚）です。その感覚、すごくわかるなって思って。その記事でポリアモリーという言葉も知って。眼からうろこでした」

自分もそうだ、私は一人じゃなかったんだ。彩葉さんはそう感じて気が楽になり、すっと罪悪感が消えた。

それから彩葉さんは、夫にポリアモリーの概念を説明。「あなたも、もし好きな人ができたら教えて。仲良くしたいから」と伝えた。だが、夫はモノガマスな関係指向であったため、彩葉さんの提案にいまいちピンとはきていなかったという。

そんな話を伝えてからしばらく経ち、夫がふと、「子供ができなければ、浮気じゃないよね」と話しかけてきた。「え、それくらいでいいの？　そう思う？」と、夫の思わぬ「許容」に心が躍った。夫にとっては何気ない会話だったのかもしれないが、彩葉さんにとっては、合意の発言だと捉えられた。

その後、彩葉さんは、久しぶりに恋をする。相手は、夫と共通の知人だった。直接知っているから、なおさら安心だと思ってくれるのではないか。そう考えた彩葉さんは、夫に「好きな人ができたよ」と伝えた。しかし、夫の反応は、彩葉さんの想像と異なるものだった。「伝えたら、顔面蒼白になって。『僕はいらなくなるの？　それは嫌だ！』と拒絶されたんです。その反応に驚いて、『だって前、子供ができなければ浮気じゃないって言ってたじゃん』と言ったら、『それは、一夜限りの出来心、くらいの意味だった。まさか交際したいという意味だとは思わなかった』と言われて。互いの認識に、大きなズレがあったんですね」

その時彩葉さんは、改めて自分のポリアモラスな感情について説明した。「あなたも好きで、他に好きな人ができたからと言って、あなたがいらなくなるとかではない」「独占は愛じゃない。相手の自由を喜ぶのが愛ではないのか」「なんでわかってくれないの。なぜ理解されないのかが、理解できない」。カッとなり、つい強い言葉をぶつけもした。

結局、夫から言われたのは、「ご飯やお出かけはいいが、セックスはして欲しくない。もししたとしても、墓場まで持っていって欲しい」という内容だった。「相手も、『僕はそちらの家庭を壊したくはないので』と、シューッと離れていって。これは厳しいぞ、ってその時は思いました」。

それからは夫の要望通り、徹底して「隠す」ようにしている。しかしそれは、彩葉さんにとっては不本意であるようだ。

「本当は、私は恋愛のことを自由に話したいんですよね。今は、相手も抑制していて、自分も抑制しているという関係。互いにモヤモヤしている感じです」

彩葉さんの希望としては、恋愛状態を夫とオープンに話したい。また、恋愛相手にも、自分以外のパートナー（メタモア）がいて欲しい。コンパージョンを豊かに経験しあいたい気持ちがある。だが、いまはそれは叶いそうにない。ポリアモリーを実践したいが、現状は「婚外恋愛の黙認」といったところだ。

コロナ禍で彩葉さんは、感染症リスクについても、より真剣に考えるようになった。海外でも「パンデミックとポリアモリー」についての記事がたくさん書かれている。新しくパートナーを作ることを控えるべきか。同居型のポリーと別居型のポリーのリスクの違いはどうか。イベントなどは控えるべきか。いずれも、もっともな問いである。

「コロナだと、一緒に住んでいる人しか会っちゃいけない、となりがちですよね。性感染症リスクはもともとあったけど、性に限らないすべての感染症に対して、より自覚的に対策はしていかないといけないと思います。ただ、夫はコロナ禍の前はたまに風俗を利用していたんですよ。夫は外のセックスに、情を持ち込みたくないらしく、お気に入りを指名しないんですね。毎回違う人のところに行く。リスク面から考えると、特定パートナーをもつポリアモリーの私よりも、夫のほうが高くなるのかなと」

風俗はOKだが、ポリーはNG。そんな夫の線引きに、彩葉さんは「不思議ですよね」と笑う。

そもそも複数愛的な行為について、男女での語りの違いも気になっている。

「男性は、性の奔放さを武勇伝にするけど、女性に対しては否定的な風潮がありますよね。それは変わって欲しいです。以前、飲みの場でおじさんが、『いっぱい女遊びした』と笑ってたんですよね。だから、奥さんもしてるのかな?と聞いてみたら、『そんなわけないやろ!』と色をなして反論してきて。まずは男女関係なく、対等であるということが、必要なんじゃないかなと思います」

Yayoiさんの場合——単数愛と異性愛から自由に

神奈川在住のYayoiさん、三十一歳。歌手業とコンサルタントを兼務している。二十九歳の頃から、ポリーとして生きるようになった。

「若い頃から気が多くて。二十代では、誰かと付き合っても、必ずと言っていいほど浮気していて、そのことに悩んでいました。無自覚でしたが、ずっと(ポリーの)資質はあったんだと思います」

小学生の頃から、「好きな子が選べない」と感じていた。心の中では、常に複数の「好きな人」が存在していた。でも、好きな漫画でも、ディズニー作品に登場する恋愛でも、必ず一対一の関係ばかり。自分の恋愛観は、「普通」ではないのだとも感じていた。

「周囲に話を合わせるために、その中から『一番』を決めていました。好きな人を聞かれたら、『一番』の人だけ答えるように。でも心の中では、本当は順不同なんです」

高一の時、初めての恋人ができた。それでも心の中では、他にも「気になる人」がいたが、複数の人と関係を持つということはなかった。「その時は一対一が精一杯で。十八歳になって働いていたキャバクラで、私に好意を持つ男性と、デートするくらいでした」。

二十歳の時、年上の「男友達」にアプローチを受けた。彼は既婚だったため、いわゆる「不倫」という形で付き合うことになった。同時期、Ｙａｙｏｉさんはキャバクラの客だった男性とも付き合っていたが、その「男友達」には伏せていた。

「水商売もやめて欲しいと言われていたんです。だからなおさら、悪いなって気持ちがありました。嫌がるだろうなって。一対一が正しいはずなのに、それができない自分は、申し訳ないなって思いながら」

葛藤がありながらも交際を続けていた時、「男友達」と配偶者との間に、二人目の子供ができたと聞いた。そのことに、Ｙａｙｏｉさんはショックを受ける。

「騙されたな、って思ったりしました。別れたいが子供がいるから別れられないと言われてたんだけど、実際には大事なんじゃん、と。フェアじゃないなと思った」

妻だろうが恋人だろうが、相手に「他の人」がいるのは別に構わなかった。ただ、「本音」

を共有できていなかったことが悔しかった。

二十五歳の頃。新宿二丁目に通い出したことをきっかけに、自分の性的指向が「異性愛」に収まらないことを感じた。「セーラーウラヌス（『美少女戦士セーラームーン』に登場するキャラクター。ベリーショートで男装もする）が現実にいたら、いけるって思う」とバイセクシュアルの友人に話すと、「あなたも、運命の人は男性じゃないのかもよ」と言われた。

ああ、そっか。男性とばかり恋愛しなくてもいいのか。そう納得したＹａｙｏｉさんは、自身の異性愛規範を疑うようになった。

ジェンダーやセクシュアリティについての言葉に興味を持ち始め、分からないことがあったらネットで「ＬＧＢＴ用語」のまとめサイトを見る。そんな時間を過ごしていた時、ポリアモリーについて書かれたネット記事と出会う。そのことは、自分の人生について考える、重要なきっかけとなった。

「当時、一人の女性と公正証書を作っていたんです。〈準結婚〉のような形で。でも、一緒に生活してみたらうまくいかなくて、鬱憤が溜まって。やっぱり浮気したんです。それで、そういう自分とも向き合わなきゃと思って、その女性にポリアモリーのことを話したら、全く受け入れられなかった。『それって単に浮気を肯定したいだけなんじゃないの』と言われて、結構ショックで。その後、他の価値観も合わなくて、別れることになりました」

こうした体験の積み重ねのため、複数愛傾向のある自分に対して、否定感情は拭いきれなかった。

Ｙａｙｏｉさんがポリアモリーの自己受容ができたのは、三十歳になった時。恋人とセックスレスになったことがきっかけだった。

「今の恋人が癌になったんですね。元々性欲が少ない相手だったけど、闘病でさらに減退した。その後、癌は治ったけれど、ほぼセックスレス状態になって。ときめきとセックスがない人生は、自分には耐えられないなと思って。ようやくその時に、自分のポリアモリーを認めるようになりました。それまで〈擬態〉できていると思って、できてなかったんですね。大人になるというのは、恋愛以外を大事にするようになることだと思い込んでいたんですけど。そうじゃないな、と」

恋人は最初、「私だけを好きな人と、付き合いたい」という反応だった。「今まで偽ってたのは悪いけれど、これが私だから。それが無理なら別れることも覚悟してる」とＹａｙｏｉさんは応じる。それから、幾度となく話し合いを重ねた。

「他の人と恋愛してもいいけど、バレないように細心の注意を払って、と最初は言われていて。でも、自分は感情を解放することを大事にしていて、恋愛のことを話せないのは辛いなと思った。結局、『結果として（他のパートナーの存在を）知ることになった、くらいは受け入れる』という感じで落ち着きました。父親もオープンなポリーなので、遺伝なのかな。昔からそんな父親を否定的に言う人や、敵視する人もいたから、それを見て『隠さなきゃ、否定しなきゃ』と思っていたんですよね。でも、今では『ポリアモリーあるある』で盛り上がったりもします。恋バナをするのが好き。後は不倫報道を見て、『我々は断罪されがちだね』って話し合ったり」

最近では、複数愛についての記事が増えてきている。Ｙａｙｏｉさんはそのことを、好意的に捉えている。

「悩んでる人にとっては、同じテーマで幸せに生きてる人がいることは希望になりますよね。今はどちらかというと、フリークス（変わり者）的な取り上げ方が多いので、それぞれの幸せにフォーカスしてほしいなと感じてます」

カミングアウトをめぐる悩み

「踏み外したら怒られる」と考え抑制しようとした彩葉さん。「申し訳ない」と思いながらも、抑制が困難であったＹａｙｏｉさん。人生の歩みは異なるものの、「ポリアモリー」という言葉と出会うことで、パートナーへのカミングアウトと、対話を進めていた。

スウェーデンの調査では、ポリアモリーの関係性を持つ二十二名に対してインタビューが行われている。調査参加者にとって、初めてのポリアモラスな経験とは、どういうものだったか。そのきっかけについて、参加者は次のように答えている。

・ひどい恋愛から抜け出したばかりだった。今まで恋愛はうまくいかないことが多かった。共通点は嫉妬だった。彼女と出会って、ポリアモラスな関係がうまくいくか、やってみよう、ダメでも何か学ぶことがあるよね、と始めた。

・離婚したけれど、結婚はトラウマだった。友達はポリーのコミュニティに入っていて三人で交際していて、とてもリラックスしているようだった。それを見て心の何かが目覚めた。
・自分が他の人を愛していると気づいた時はとても不思議だった。私は彼女を愛していたし、そのようなことができるとは思っていなかった。
・自分が思っている自分を捨てて、本当の自分にならないといけなかった。ここに来るまでこんなに長い時間がかかったのかと思うと、少し苦しくなる。

海外の調査には、ポリーたちの葛藤やメンタルヘルスに焦点を当てたものが多い。ポリーは、スムーズに自らの関係指向を認知し、ポリアモリーを実践するわけではなく、その多くが、モノ規範への適応努力を行った上での挫折体験を持っている。

そう聞くと、「モノ規範に適応できなかったから、自己肯定するためにポリーを名乗っているのではないか」という疑問を持つ人もいるだろう。しかし、実際の事情や経緯は、人それぞれだ。幼少期からモノ規範に違和感を抱いていたという人もいれば、当たり前のように複数恋愛を実践してきた人もいる。多くの挫折経験を経てから、ポリアモラスな感覚に気づいたという人もいるし、年齢を重ねてから、関係指向を見直した人もいる。

自らのポリアモラスな感情に気づいた後、どのような行動をとるのかは、個々人の判断となる。但し、それが恋愛関係をめぐるものである以上、場合によっては他者への自己開示が必要となる。

先の調査でも、カミングアウトに対する経験は十人十色であった。しかもそれは、決して明るいものばかりではない。

・みんながどう思うかわかっているから、カミングアウトしない。
・同年代以上の男性から「すごいね、何人と寝てもいいんだ」と言われた。パートナーも好きなようにしていいんだというと、「そんなことはさせちゃいけない」と言われた。
・「あなたが辛いのは、あなたがそのような生き方をしているからでしょ？ そんな関係は永遠には続かないんだから」と言われたことがある。モノガミーでうまくいかなかった人が、「モノガミーだからでしょ？」とは言われないのに。

この調査の場合、他者から「信用できない」「理解できない」と思われるのを避けるため、戦略的にカミングアウトしないという人も多かった。そこには、スティグマ（社会的な烙印）に対する強い警戒心が存在している。

親しい友人や家族に、あるいは交際している相手に、またはこれから交際をするかもしれない相手に、どのタイミングで、どのようにカミングアウトするのか。カミングアウトをめぐる物語は、全ての当事者にある。

そして、カミングアウトに対して生じる反応にも、ポジティブなものもネガティブなものもある。一人の人生でも、その両方を経験することが多い。次に紹介する唐仁原漣さんもまた、カミングアウトをめぐって、ネガ・ポジ両方の反応を経験している。

唐仁原蓮さんの場合――カミングアウトのメリット／デメリット

唐仁原蓮さん、二十八歳。舞台などでタレント活動を行なっている。出生時は「女性」だと割り当てられていたが、「男性」を自認している。

蓮さんは、パンセクシュアル（全性愛者）で、気がつけば男女関係なく、色々な人に好意を抱くのが自然だった。小さい頃から、好きになる相手は女性が多く、自分が女性だという感覚もなかった。そのため、「私」ではなく「僕」という一人称を用いていた。

「小学校のとき、上戸彩さんが出ていたドラマ『金八先生』で、性同一性障害の話を扱っていたんですよね。そのとき、周囲にすぐ『お前じゃん』と言われました」。若い頃から、周囲にはゲイやレズビアンの知り合いなども多く、様々な言葉にも触れやすい環境にあった。早い段階に、自身についての「答え」を知れたのがよかった、と感じている。

十代の頃までは、他人への好意が「恋愛」なのか「友情」なのかは、特段、意識することもなかった。友愛や恋愛、性愛の区別がつきにくい「クワロマンティック」（Quoi はフランス語で「何」を意味する）の傾向があったのかもしれない。

「同じ学校に通っていた人とか、一緒に仕事をするアイドルとか。十四歳から芸能界で仕事をしていて、素敵な人も多くて。いろいろな人に好意を抱くことが当たり前でした」

蓮さんが自身の複数愛指向に気づいたのは、十五歳の時。交際していた人以外の女性も好きになったのが一つのきっかけだった。そんな自分に対して、特に違和感を抱くこともなかった。周囲からは「チャラい」「浮気者」といじられもしたが、笑ってやり過ごした。

「元々、自分に否定的な感覚を持たないんですよね。（新宿）二丁目だと、〝ブス〟とか〝バカ〟は、もう挨拶みたいなものですし」

「ポリアモリー」という言葉を知ったのは二十五歳の頃だった。演劇仲間とバーに行き、例によって周囲から「浮気者」「チャラいやつ」といじられていたときのこと。バーの店長から、「あなたはポリアモリーじゃないの？」と言われる。店長自身も、ポリーだとオープンにしている人だった。

その意味を尋ねると、「複数恋愛主義者、複数の人と同時進行で恋愛できる方」という説明を受ける。すぐさま辞書やネットなどで調べると、「自分に当てはまっている」と思えた。

「パートナーを１００好き。でも他の人も１００好き。この感覚に、そういう名前が付いているんだなって思いました」。誰かを90好きになったら、他の人への好きが10になるわけではない。上限付きの愛を分配するのではなく、同時並行できるという感覚に言葉があると知り、納得がいった。

ただ、その後も「ポリアモリー」であることを、特に周囲に相談したりはしなかった。ポリー仲間に会ったこともないし、会いたいとも思っていない。

「相談しても、浮気と片付けられてしまう。自分はポリアモリーだって説明しても、『でた、今風の言葉に置き換えて！』とか言われたり、『誰でもいいんでしょ』『特定の人を愛せない』と言われたり。だから、周りに言うメリットがないというか。他のポリアモリーの人には、同族嫌悪を抱きそうで会いたいとは思いません」

恋愛をするときも、カミングアウトは控えてきた。相手に伝えることへの不安があったからだ。

「それが理由で別れたことがあった。それなら、言わないでおこうと。隠し事は、本当は嫌だけど。伝わらないなら言っても仕方がないかなと思って」

だが、一年ほど前、現在のパートナーである人に、トランスジェンダーであることやポリーであることをカミングアウト。パートナーは、「初めてだからわからないけれど、理解できるよう頑張るね」と受け入れてくれた。嬉しかった。ポリーであることについて、「罪悪感はゼロではないけれど、そこを含めて自分だから。そこを含めて好きになって欲しい」と感じている。

「今、他にも好きな人はいて。そのこと自体はパートナーも知ってるんですよ。でも、その人に脈があるのかないのかはわからない状態だから、具体的な話にはなっていないです。もし他の人とも付き合うというようなことになったら、その前にパートナーに相談しますね」

漣さんは、終始カラッとした表情で、インタビューに応じていた。インタビューを受けてくれた自宅では、ずっと隣でパートナーが、漣さんの話を聞いていた。「他に好きな人がいる」という話も、遠慮なく話せる。

何かを隠すことなく、屈託なく話すことが、楽だと感じている。そんな漣さんに、もし理想の関係が実現できるとしたら、どんなものかを尋ねてみた。

「一番良いのは、一つ屋根の下で、好きな人みんなで暮らすこと。でも日本だと難しいですよね。だったら、複数の家を行ったり来たりするくらいで、それぞれが認識あるくらいが、平和なのかなって思います」

「言葉」を手に入れること

唐仁原漣さんは、カミングアウトによって生じるメリットとデメリット、その両方を体感している。だからこそ、状況に応じて限定的に、自己開示を行っている。自分が「浮気者」であるといういじりや非難をされた時、ポリアモリーについて説明してもなお否定されることに違和感があるため、説明を控えることもある。

ところで唐仁原漣さんを初め、ポリーの人たちにインタビューを重ねると、「自分のジェンダーアイデンティティはこう」「私の性的指向はこう」といった話をする人が多いことに気付かされる。

実際、ポリーとモノガミストとを比較した研究が、アメリカで発表された。その結果でも、ポリアモリーの実践者やポリアモラスな感覚に自覚的な人は、そうでない人に比べて、自らの性の多様性を申告する人が多かった。具体的には、モノガミストよりもポリーの方が、異性愛者（ヘテロセクシュアル）でない人が多かった。異性愛者の割合は、モノガミストのうちの74％、ポリーのうちの36・4％であった。

こうした特徴は、取材をしてきた実感とも違和がない。では、このような傾向を、どのように説明すればいいのだろう。

両性愛（バイセクシュアル）や全性愛（パンセクシュアル）が、複数愛と相関することについて、生得的な傾向が関わっている可能性はもちろんある。一方で、そもそも両性愛などのマイノリティ属性について考える中で、関係指向についても考え、自己分析する機会が多かったことは関係するだろう。つまり、「自分は他の人と違う、では何者なのだろうか」と考える機会が多いということは、性的指向や関係指向などについて、自ずと考えることにもなりがちなのかもしれない。

現在は複数愛についての偏見が根強く、またその存在に気づく機会が少ない。もし社会がスティグマを弱め、多くの人が、関係指向についての言葉を獲得したらどうなるだろうか。現在、「自分は異性愛者で単数愛者である」と暗黙のうちに信じている人であっても、じっくりと考えを掘り下げていくことで、これまでとは異なる「自分」や「関係」と出会うことになるかもしれない。

第4章

ポリアモリーは「性に奔放」なのか

ひとつのありふれた反応から

これまで見てきたように、ポリアモリーは「望ましい関係性」を探る言葉として重要なものであった。他方でポリアモリーに対しては「性欲」の話だと矮小化して捉える反応も珍しくない。

セクシュアリティをめぐる議論では、恋愛感情についての傾向である「ロマンティック」と、性的欲求についての傾向である「セクシュアル」とが区別される。例えば「アロマンティック」であれば他者への恋愛的な惹かれを抱きにくい人のことを、「アセクシュアル」であれば他者への性的な惹かれを抱きにくい人のことを指す（アロマンティック、アセクシュアルの頭文字Aは、否定＝notを意味する）。

ポリアモリーは、関係性をめぐる言葉である。だからこそ「ロマンティック」も「セクシュアル」も横断する概念であるが、決して性的関係のみを前提とする概念ではない。

例えばアセクシュアルであるポリーの場合、複数の相手とそれぞれのデートを楽しみはするが、それは性欲に動機づけられたものではないと認識される。もちろん、複数の相手との性交渉を楽しむタイプのポリーもいるだろう。かといって、ポリアモラスな人間が全て、「性欲」を原動力にして関係性を探すというわけではない。

ポリアモリーと一口に言っても、「特定複数とセックスをしたい」人もいれば、「セックスは不要である／したくないが、継続的な愛情関係を特定複数と結びたい」という人もいる。

また、ポリアモリーに関連した関係様式もさまざまである。カップルが互いに、相手が他のパートナーを持つことに合意している「オープン・リレーションシップ」。結婚した上で同様の合意を形成している「オープン・マリッジ」。三人以上が結婚と同等の形態で、生活を共にする「グループ・マリッジ」。さらにはメンバー同士が、家族同様に家事や育児を共有する「ポリファミリー」も存在する。

また、ポリアモリー実践の中には、特定のメンバーの中だけに性関係を限定する、「ポリフィデリティ（複数の貞節）」という形式もある。この場合、メンバーの中で実際に、どれだけ性交渉が行われているかは問題ではない。グループ・マリッジを行い、なおかつポリフィデリティの関係性でいるが、性関係はそれほど結んでおらず、それでも生活のパートナーとして充足しているというグループも存在する。

「ポリアモリーなんて、性欲の話だろう」と単純化されがちな言説に反して、実際の当事者は、より多様な実相を生きている。こうした「関係性のバリエーションの幅広さ（関係性スペクトラム）」への解像度を上げる中で、さまざまな概念が発見されてきた。

齋藤さんの場合――感情を否定しないために

神奈川在住の会社員、齋藤さん、四十歳。これまで実践的に複数と交際した経験は「たまたま」なかったものの、自分をポリアモラスな人間だと感じている。

齋藤さんが複数愛を意識するようになったのは二十歳の頃。同性である女性のことを、好きになったタイミングであった。

「女の子も好きになる自分について、『バイセクシュアルかもしれないな』と思うようになりまして。バイセクシュアルについて調べようと、セクシュアルマイノリティやクィアスタディーズ関係の資料などを読んでいるうちに、ポリアモリーという言葉に行き当たりました。振り返ればそれ以前にも好きな人が複数いたことはありますが、それらは強い好意や友情だと処理していました。一方で、一対一の恋愛のようなものに、薄ぼんやりと違和感もありました。漫画の恋愛描写の多くにも、興味を持てなかったんですよね」

ポリアモリーという言葉を知ってまもなく、当時付き合っていた男性に、自身のことをカミングアウトした。「複数の人を好きになることがある」「友情と恋愛の境目が曖昧」と説明すると、面白がりつつ不思議がりつつ、それでもすんなりと受け入れてくれた。

「その時は、誰かとすぐに付き合いたい、という訳でもなかったので。それが受け入れられた理由かもしれません」

ただ、ポリアモリーのカミングアウト後、彼に「オレの他に、女の子と付きあいたいっていうのは平気だけど、男と付きあいたいって言われたら嫌だな」と言われた。「どうしてそう思うの?」と聞くと「なんとなく」と曖昧な答え。なぜだろうか。男女で嫉妬の感情が変わることに、違和感があった。

後日、他の人から、「あわよくば女二人対男一人の3Pができるかもと思っているからでは？」という意見を聞き、腑に落ちたことを覚えている。

「無意識でもくだらないこと考えてやがる、と不快に思いました。私が勝手に納得しただけで、彼の本心はぜんぜん違うところにあったのかもしれませんが」

齋藤さんが重視するのは、非拘束的な強い絆だという。性関係の有無や、会う頻度は、あまり関係ない。まして「3P」などに興味があるわけでもない。

「常に二人以上の恋人が欲しいと探し求めているわけではないんです。それなりに生活も忙しいし、不満があるわけでもない。複数の方にアプローチしたこともあるんですが、アタックしてもうまくいかなくて。なんだかんだで一対一で生活を送る状態が続いているという感じです」

特にポリアモリーを実践する機会はなく、無理に押し通そうとすることもない。それでも、自身のポリアモラスな感情について否定はしない。

現在の配偶者は、前出の恋人の友人にあたる人であった。三人は元々、仲睦まじい関係を築いていた。

「恋人、今の夫、私。三人が含まれたグループで遊ぶことも多く、仲はよかったです。なので、私が今の配偶者を好きになったときに、これからも三人で仲良くやっていけるのではないかと、楽観的に思っていたのですが、まったくそんなことはありませんでした」

配偶者となる男性と初めてデートをしたとき、齋藤さんは「結婚を前提につきあってほしい。今の恋人との関係をどうするかもはっきりしてほしい。あまり長くは待てない」と告げられる。そのことを恋人に話したところ、彼からもまた「どちらかを選んでほしい」と告げられる。

今三人でうまくやっているのに、恋愛になるとなぜ形が変わるのか。なぜ彼らは、「自分とだけ向き合ってほしい」と思うのか。齋藤さんには不思議だった。だが齋藤さんは、今の夫となる男性の方を選ぶ。すると元恋人は、「他の人を好きになって別れるのはひどいことだ」として、謝罪と賠償を要求してきた。

「恋人だった彼からは、『慰謝料を払え』『謝れ』と、繰り返し言われました。何回でも気が済むまで謝るつもりだったのですが、結局きりがないような状況で。だから、自分から家庭裁判所に申し立てをして、五十万円くらい支払いました。その代わり、連絡はもうしないという約束付きで。私のように、『不貞』をした側が家裁に持ち込むのはあまりないそうです」

齋藤さんに大きな法的問題があるとは考えにくいが、一種の手切金のような形になった。なお、他のポリーたちの実践において、こうした金銭トラブルにまで発展するケースは決して多くはない。

「彼氏」と別れた後、現在の配偶者となる男性との交際は続き、結婚することになった。しかしその後は、複数愛的な実践を控えるようになった。

「パートナーはモノガマスな人なのですが、その意思が変わらない人を説得するのは難しい。ただ、今は付き合いたい人が特にいないので、ひとまず現状でいいかなと。不満はあるけれど、すごく気が合う人なので」

だが、具体的な行動を控えたとしても、自分の内面はとても大事にしている。複数愛的な感情について、誰かに否定されるいわれもない。自分自身は、複数愛の実践をすることなく歳を重ねてきたが、細々ながら、当事者の交流の場にはつながっている。

「パートナーに満足していないとか、そういうことではないんです。ロマンティック・ラブの物語に共感できず、閉じられた関係が嫌なだけなんです。理想のイメージに比較的近いのは、ホームズとワトソン、あるいはエスパー魔美と高畑さんのような関係です。二人の間に強い絆はあるが、誰かがやってきてもかまわないし、相手の人間関係を制限しあわない。そんな関係です」

優実さんの場合――言葉を探し続ける

東京近郊に在住の優実さん、四十歳。男性、女性いずれにも属さない性自認を持つXジェンダーであり、深い感情的繋がりを感じた時のみ恋愛することがあるデミロマンティック。他者に対して、性的な惹かれをあまり抱かないアセクシュアルな傾向があると感じている。

優実さんは子供の頃から、人に好意を抱くことはあったが、それが恋愛感情かどうかはわからなかった。皆は、好きな相手を一人だけに決めるが、自分には好意を順位づけする感覚がわからない。

好意、憧れ、親密感、友愛のような感覚を自分に向けられるのは嬉しいが、相手から恋愛感情を向けられるのは不快だという「リスロマンティック」の傾向もあるため、よほど親しくなった人なら、限定的に受け入れられるという感覚だ。

「基本的にセックスは、嫌だけど応じるという感覚ですね。でも若い頃は、一人だと寂しくて、他の人はセックスに関心があるというのがわかっていたので、寂しさを埋めるために興味があるフリをして。相手の関心を引くために、セックスの辛さに目をつぶるというような感覚でした」

親戚からは「いつかいい人のところにお嫁に行ければいいね」と期待され、クラスメイトからは「あの子レズなんだって」と噂される。自分のセクシュアリティは、いけないことなのだな、と思わされてきた。

優実さんには、二人の子供がいる。血縁上の父親とは、出会い系サイトで出会った。

「十九歳の時にうつ病を発症したことをきっかけに、二十代の多くの時間を、ほぼ引きこもり状態で過ごしていました。気がついたら、高校時代・大学時代の友人はどんどん仕事で成功し、結婚していて。そんな中で自分は、継続して働くことができず、大学も中退してしまい、単発アルバイトしかできないような状況。そんな自分が嫌で仕方なく、変え方もわからない。相談相手もいない日々で自暴自棄になっていき、たどり着いたのが出会い系サイトでした」

優実さんはその男性と交際。その後、妊娠することとなる。子供をどうするかという話になると、自分は相手にとって「浮気相手」だったことが判明した。それでも、子供は産みたいと感じた。

「妊娠当初は、その男性にも、実家の家族にも、出産することに大反対されました。全力で押し切り、実家の家族を説得し、助けを得ながら出産・子育てすることになりました」

結局優実さんは、未婚で出産。子供は双子だった。その男性からは、養育費を継続的に受け取っているが、一緒に暮らしてはいない。

その後、優実さんは子育てをしながら看護学校に通う。また、生活費などを稼ぐために、風俗で働くこととなった。

「当時、実家から学校に通っていたのですが、双子の子育てでお金が必要で。学費もとても高く、更に医療系は教科書も高価でした。給付・貸与の奨学金を利用していたのですが、それでも金銭的に厳しくて。家族にこれ以上負担をかけたくない、頼りたくない思いで（風俗産業に）飛び込みました」

働き始めた風俗店で、何度も指名してくれた男性客がいた。その客の求めに応じ、結婚を決意する。経済的な状況は改善し、風俗の仕事は短期間で辞めることとなった。だが結婚して間も無く、夫からたびたびＤＶを受けるようになる。

身を守るために子供を連れて家を出た優実さんは、自分と同じくアセクシュアルであるトランス男性と出会い、交際することとなった。ポリアモリーという言葉を知ったのは、そのタイミングだった。

「そのパートナーに、アセクシュアルについて相談していたら、ポリアモリーについても説明を受けて。『日本でそんなことしていいの？』って驚きました」

三十九歳にして優実さんは、ポリアモリーという言葉を知り、ポリーラウンジの存在も知った。オープンな雰囲気のポリランに、優実さんは強く惹かれる。それからポリランに通い始め、多くのポリーたちがいることを知った。

私がポリランに取材に訪れた日、優実さんは子供を連れて参加していた。

「子供にも、ポリアモリーのことを隠すつもりはなくて。むしろ、いろいろな価値観に触れて欲しいなと思ってます」

現在の日本の性教育は貧しく、それぞれがポルノで自習するという状況になっていると感じている。だからこそ優実さんは、子供をポリランに連れてくる。信頼できる場所で、自分たちの性について、真面目に考えている人たちがこれだけいるよ、と伝えたいというのが理由だ。

「オープンにしないと、危ないとさえ思います。子供たちはもう中学生になりますが、私が中学生の時は、大人から性教育を受けていませんでした。『子供を産まないと女として一人前ではない』とか、『セックスを早くした方が地位が高い』とか、そういう雰囲気に支配されていたし、性被害・加害についても学ばなかった。だから子供には、確かな知識を得て欲しいと思います」

優実さんは、様々な場所で、ポリアモリーであることを開示している。それと同時に、自身がアセクシュアルであると語ると、首を傾げる人も少なくないという。

「セックスを伴わないなら、ポリアモリーと名乗る必要があるの?」という反応もあれば、「アセクシュアルとポリアモリーとを一緒に議論しないでくれ」という反応もある。ただ、優実さん自身は、「いろいろなグラデーションの中に自分がいる。現に存在する自分を否定することは、誰もできないと思います」と述べた。

インタビュー後、しばらくして優実さんから連絡があった。インタビュー当時のパートナーとはパートナーシップを解消し、現在、シス男性のパートナーが二人、シス女性のパートナーが一人いるという（シスとは「こちら側」を意味する言葉で、「超える」を意味するトランスの対義語。つまり、生まれた時に割り当てられていた性と、本人のジェンダーアイデンティティが一致している人のこと）。そしてパートナーのうちの一人と、セクシュアリティや性全般に対する考え方を話し合った上で、合意してセックスする機会があったということも語ってくれた。

「その機会が私の人生の中で初めて、セックスを心から楽しめる出来事でした。セックスは自傷行為であると自覚があった自分にとっては、信じられない、それでいて幸福な出来事でした。

現在もクエスチョニングし続けながら、私自身はまだ狭義でのアセクシュアルに入る面が多々あると考えています。ただその予想外の出来事から、アセクシュアルと名乗ることへの危険性を感じたんです。アセクシュアルを名乗ることで、気づかないうちに自分自身の可能性を狭めていないか。そんな風に問い続け、揺らいでいる自分を楽しんでいます」

他方で優実さんは、自身が特定の人と性交したからといって、「アセクシュアルは治るもの」といった誤解はされたくないという思いも強いという。今もなお優実さんは、「ポリアモリー」「アセクシュアル」という言葉を参考にしつつ、より適切な言葉を探し続けようとしている。

複数の性関係、複数の愛情

実践を控えてはいるものの、自身のポリアモラスな感情を受け入れている齋藤さん。アセクシュアルな傾向を自認してきた優実さん。それぞれのライフヒストリーを聞くと、ポリアモラスであることが、ただちに「性に奔放」であることを意味するわけではないことがわかる。

もちろん、ポリアモリーでかつ、多くの人とのセックスを楽しみたいという人は存在する。ポリーラウンジ幹事のきのコさんは、しばしば「私はポリアモリーで、なおかつビッチ。どちらも否定されるモノではないと思うが、両者はまったく別の概念です」と説明する。人によって、関係の形も、性との向き合い方も異なるのだ。

そもそも、「性に奔放」と聞いた時、人はどういう関係を想像するのか。一人の人と何度もセックスを重ねる人のことは、「性に奔放」などとは言われない。パートナーではない相手とのセックスを繰り返すような人に対して、「性に奔放」という言葉は用いられがちである。パートナー関係を築かない相手とのセックスは、「カジュアル・セックス」と呼ばれ、そのような関係性のことは「カジュアル・リレーションシップ」と呼ばれる。その関係性は、大きく次のように分類されている。

1　ワンナイト・スタンド（one-night stand：接触は一度きり）

2　ブーティ・コール（booty call：電話で呼び出す関係。反復的に接触するが、個人情報をあまり開示し合わない）

3　セックス・バディーズ（sex buddies：反復的に接触し、ある程度は個人情報の開示を行うが、互いの関係性には言及しない）
4　ＦＷＢ（friends with benefits：利益を伴う友人。反復的に接触し、個人情報の開示を深く行い、互いの関係性について話し合い、感情的にも親密になる）

特に複数と、恋愛関係ではなく性関係のみを求める場合は、ポリアモリーではなく「スウィンガー（自由な性交を行き来する人）」と呼ばれることになる。ポリアモリーが交際の形を考える際に用いられやすい概念であるのに対し、スウィンガーは性関係、特に自由で柔軟な「カジュアル・リレーションシップ」において言及されることが多い。

スウィンガーは、複数の人と性関係を結ぶことを肯定する。ただし、スウィンガーの誰もが、「不特定多数」とセックスをするわけではない。多くの人との「ワンナイト」を求める人もいれば、そうでない人もいる。

例えば「クローズド・グループ・スウィング」を生きるスウィンガーは、特定のグループ内に複数の性的パートナーがいるものの（たとえば、パートナーを交換する複数のスワッピング・カップルなど）、グループ外の人とはセックスをしないといった考えを持つ。つまりは、「特定個人」でも「不特定多数」でもなく、「特定複数」とのセックスを求め、実践しているということになる。ただし、先に述べた「ポリフィデリティ（複数の貞節）」と比べると、交際関係にコミットするわけではない。

他にも、複数愛に関連する関係指向や関係様式は実にさまざまだ。個人としての自立を重視するため、パートナーたちとの同居、生活費の共有などを求めず、独立性と柔軟性を強調する「ソロ・ポリー」を生きる人もいる。また、スウィングであると同時にポリアモリーである「スウォリー」もいる。スウォリーの場合、複数のパートナーと合意した上で交際を行いつつ、メタモア以外とのカジュアル・セックスについても認め合うオープン・リレーションシップの関係を結ぶといった形になる。

「望ましい関係性」は揺れ動き続ける

繰り返し触れているように、ポリアモリーは関係性をめぐる言葉だ。そして関係性には、モノガミー、ポリアモリーなど、さまざまなバリエーションが存在する。

優実さんは、自分の性的指向や恋愛指向についても、自問自答しながら探求を続けていた。また、人との関係性も、その都度の手探りで、歩みを進めている。

そもそもポリーに限らず、人が「他人とどのような関係を築くことを望ましいと考えるか」は、色々な条件を考慮するなかで変化していくものだ。数時間単位であれ、数日単位であれ、数年単位であれ、人は「望ましい関係性」を吟味し続けながら、そのありようを変化させていく。

事例を挙げて考えてみよう。

ポリーであるAさんは、交際していた恋人たちと別れた後、しばらく一人でいたいと感じていた。だが、ある日ふと、誰かと性的関係を持ちたいと考えた。後日、たまたま知り合った相手と、カジュアルな感覚に合意してセックスを行った。性的関係だけでも満足していたが、事後にメッセージのやり取りを重ねる中で、恋愛感情を抱き、その相手と持続的な交際をしたいと思うようになる。ただし自身はポリアモラスな気質を自認しているため、Aさんは相手に、オープンな関係を前提に交際しないかと提案。しかし相手は、交際する際には一対一を望むモノガミストであったため、「暫定的に」モノガマスなカップルとして交際をスタートさせる。その後、もしAさんに新たに好きな人ができた時は、またその時話し合おうと、ひとまずは決め、あとは「流れで考えよう」としておいた――。

恋愛のケースに限っても、ここまで極端ではないにせよ、モノガミストを含めた多くが、「関係性の望ましさ」を巡って、悩んだり熟慮したりしながら生活している。関係指向が大まかには定まっていたとしても、「今の自分にとって望ましい関係像」は、気分や環境などによっても変わりうる、流動的なものだ。人の気分の、このような変化を「望ましい関係性の揺れ動き（関係フルイド）」と呼んでおこう。

「揺れ動き」を、どの範囲まで経験するのかは、人によって異なる。「自分は生涯、誰とも交際したくない」「交際するなら一人の人とだけ付き合う」とあらかじめ固く誓っているようなケースでは、ポリアモラスな関係までの「揺れ動き」を経験することは少ないかもしれない。

ただし、人との関係性には、「偶発性との遭遇」が存在する。思わぬ相手からアプローチされたり、想像していない相手と仲良くなったり、生涯を誓った人と死別したり、結婚した相手から離婚を切り出されたり。自分が特定の関係を「生涯続けたい」と誓っても、そのように生きられるとは限らない。

例えばモノガミストであっても、次のような「揺れ動き」は、よく聞くケースであるだろう。

モノガミストであるBさんは、恋人が特にいないタイミングで出会った相手と、性的関係を持った。Bさんはその相手と交際したい気持ちがあるが、相手はBさんを「そういう対象としては見れない」という。Bさんは結局、関係を全く切ってしまうのは寂しいと考え、いわゆる「セフレ」のような関係となった。その関係は数年間続いたが、相手は他に恋人を作るような雰囲気を全く見せない。「それなら自分と交際してくれればいいのに」という気持ちと、「いっそのこと、相手と別れた方が、他の好きな人が見つかるのだろうか」という気持ちで、葛藤の日々を過ごしている。だが、マッチングアプリなどを使って、交際相手を探すのもまた、なんだか面倒だとも考えている。ひとまず今は、仕事が忙しいこともあって、深くは考えないようにしている——。

人にそれぞれの関係指向があるとしても、誰とどのような関係を築くことが望ましいと考えるのかは、さまざまに揺れ動く。また、人との関係は、相手とのコミュニケーションやその時の状況によっても変化するため、「望ましい関係性」の通りにことが運ぶわけではない。

大抵の人は、「望ましい関係性」と、「実際に築いた関係履歴」との間に、さまざまなギャップが生まれる。誰かを好きになった瞬間に、その相手と望ましい関係性になれるわけではない以上、期待と実際とのギャップやタイムラグは、誰もが経験することになるわけだ。

ポリーは異常性格者なのか？

ポリーに対しては、「人の心がわからない人間」「性的欲求のための口実にしている」「セックス依存」「生きがいがないから恋愛に依存する」といったステレオタイプの非難がぶつけられることが多い。もちろん「それで何が悪い」と除けることもできるが、ノンモノガミストとモノガミストとの比較研究をまとめた調査をたどると、そもそもこれらの見方は、実際のポリー像とかけ離れていることがわかる。

ノンモノガミストとモノガミストとの比較研究の結果では、両者の間で「差が見られなかった」項目が多かった。例えば、仕事の満足度、権威主義、マキャベリズム（目的のために手段を選ばない傾向）、疎外感、人生の満足度、抑うつ、気分の安定、強迫観念、被害妄想、不安、絶望、人の温かさの感受性、性的満足度、性的頻度などである。実に多くの項目において、ノンモノガミストとモノガミストとで有意な差がなかったのである。

このように、さまざまな項目で「差が見られない」ことは、ポリアモリーに対するステレオタイプを改めるのに役立つだろう。

例えばノンモノガミストは、モノガミストと比べて、自分の快楽という目的のために相手を利用するマキャベリスト、というわけではない。人生に不満があるから恋愛に溺れやすい、というわけでもない。愛情不足で不安だから恋愛に依存する、わけでもない。性的欲求が著しく高い、というわけでもない。もちろんノンモノガミストにも、快楽のために相手を利用する人も、性的欲求が強い人もいるだろう。でもその割合は、モノガミストと大きく変わるわけではなかった。

だが同時に、ノンモノガミストとモノガミストとの間に差が見られる項目もいくつかある。例えば、グループ内の関係満足度や幸福度においては、ノンモノガミストの方が高いという調査もある。

こうした研究結果を見ると、ノンモノガミストの多くは、ほとんどの点でモノガミストと差がない一方で、自らの関係性そのものにはより高い満足度を示しつつ、他方で社会からの偏見には苦しんでいることになる。

なお、ノンモノガミスト内での比較においては、ポリアモリー、オープン、スウィングなどは、全てのタイプで同程度に、それぞれの関係性に満足していた。また、非独占的な、複数のパートナーを持つ人は、モノガミストと比較して、より身体的動機に基づいて（経験や快楽を求めて）性交渉を行う意欲が高かった。これは、性的欲求そのものが高いというより、性的関心に基づくコミュニケーションを自己規制しないためであると見られる。

高橋さんの場合——打ち明けられる気がしない

北海道在住の二十一歳、高橋さん。普段は会社員として働いている。生まれた時に割り当てられていた性別は男性だったが、現在はXジェンダー（男性にも女性にもあてはまらない性自認の人）で、性的指向はバイセクシュアル。

高橋さんが初めて複数の人を好きになったのは、高校二年生の時。付き合っていた女性がいたが、同時に別の男性も好きになった。

「一般的に、掛け持ちは悪いことみたいなイメージはあって。ダメだなと思ったけれど、どうしようもなくて。付き合っている人も、別の人も好き、という。比べるとか、順番をつけるようなものではなかったんです」

悩んだ末、高橋さんは相手の男性に、好意を伝えた。だが、その反応は、厳しいものだった。

「反応は、まあ一般的な感じ、です。割とキツ目な感じで『まじで？　ないわ！』みたいな。ショックでした」

相手の反応は、複数愛というよりは、同性愛の方への拒絶だと感じた。その経験をきっかけに、同性愛についてだけでなく、自分が複数愛的な感性を持っていることを誰かに伝えることにも、躊躇するようになった。

一度だけ、信用している友人に自身の悩みを打ち明けた。その友人もバイセクシュアルで、いろいろなことを話し合える仲だった。友人は、丁寧に話を聞いてくれた上に、ネット上で検索までしてくれた。「ポリアモリーって言葉があって。お前みたいな考え方に近い感じだよ」。友人にそう言われ、自分でも調べ直す。解説記事などを読んでみると、確かに当てはまっているようにも思えた。

友人に否定されなかったのは、ありがたかったと感じている。だが、ポリアモリーについてネットで調べている時、個人ブログの記事の中に、ネガティブな記述を見つける。

〈世間一般的な感覚では、複数愛はクズ・浮気性〉

そんな文言だった。あまりの言葉に、高橋さんはショックを受ける。やっぱり叩かれるんだ。人には言ってはいけないことなんだ。そう強く感じ、身構えた。

今でも複数の人を好きにはなるが、そのことは人には話さないようにしているという。Xジェンダーのことや、バイセクシュアルのことは、交際相手や親にカミングアウトしている。親の反応も、「ああ、そうなのかい」「人の愛の形はそれぞれだしね」という、肯定的なものだった。でも、複数愛のことだけは伝えられない。

同性愛などは「理解できること」だが、複数愛は「いけないこと」。きっと世の中には、そう考える人が多いだろう。そう認識しているからこそ、秘密にし続けている。

「誰かとずっと一緒にいる、というのがストレスなんですよ。だから自分は、相手を独占しない。どうして、一対一なんだろう、とずっと思っていて。確かに嫉妬はするけれど、束縛よりはマシ、という感覚なんです」

いつかは複数の人と交際できたらいいなと思う。説明した上で、合意が得られれば。だが、今はまだ、誰かに打ち明けられるイメージは湧かない。だから人を好きになった時も、嬉しさより、自分のことを言えないつらさの方が大きく感じる。

「他のセクシュアリティは認知されているのに、ポリアモリーはなぜ、認知されないんだろう」

高橋さんは日本でも、複数婚のような制度があるといいなとは考えている。自分が使うかどうかはぴんとはこないが、いざという時に使えるかもしれないし、制度があることで、理解が進むかもしれない。ただ、制度の有無にかかわらず、頭ごなしに否定しないようになってくれれば嬉しいと考えている。

スティグマと差別

高橋さんは、ポリアモリー実践経験がない。その理由の一つに、カミングアウトへの躊躇がある。なぜ躊躇するのか。それは高橋さんに、「きっと否定されるだろう」という強い不安があるためだった。

性的マイノリティ全般の希死念慮の高さの背景には、スティグマ（社会的な烙印）の強さが関係していると言われている。埼玉県が行った無作為抽出の住民調査では、性的マイノリティはマジョリティに比べて、いじめや暴力、ハラスメントの被害にあう確率が高かった。また性的マイノリティのほうが、自殺を検討した確率が高く、またひきこもり状態になった割合も高かった。

ポリーを含むノンモノガミストについて、日本の先行研究は存在していない。だが、第2章で紹介したように、海外の調査でも、ポリーたちの希死念慮が高くでる調査がいくつかある。二〇二二年に発表された論文でも、ポリーなどがスティグマを経験することで、心理的苦痛を味わい幸福度が下がるということも指摘されている。

スティグマ研究では、「あなたは○○の属性を持つ人を、××として受け入れられるか」という設問で、その対象との「社会的距離」を尋ねるという調査手法がある。○○には、調査したい属性を、そして××には、「友人」「同僚」「隣の住人」「家族の恋人」など複数の関係性が入る。

二〇一八年に発表された論文では、それぞれの属性を以下の四つに分けた上で、六百四十一人（モノガミー四百四十七人、オープン八十人、ポリアモリー六十二人、スウィング五十二人）を対象として、社会的距離、フリーセックスのイメージ、性感染症リスクに対するイメージについて調査した。それぞれの定義は、次のようなものだ。

・スウィング：多数の性的関係はあるが、感情的に親密な関係を持たない
・オープン：特定のパートナー以外にオープンな性的関係を持つ
・ポリアモリー：多数の感情的に親密な関係性を持つ（性的関係とは限らない）
・モノガミー：パートナー以外に感情的に親密な関係や性的な関係を求めることが許されない

回答全体の傾向として、多くの人にとっては、モノガミストとの社会的距離が最も小さかった。つまりモノガミストは、友人や近隣住民などとして、最も受け入れられやすいということである。一方でスウィンガーは、社会的距離がもっとも遠く、人々から受け入れられがたかった。

モノガミストの参加者は、ポリーに対して社会的距離をより感じていた。一方でポリーの参加者は、「モノガミー関係」と「ポリアモリー関係」の社会的距離を同程度であると評価した。つまり、モノガミストはポリーと関わりたくないと考えがちだが、ポリーは特に分け

隔てなく考えているようであった。

また、スウィンガーがもっとも「フリーセックス」のイメージが大きく、性感染症のリスクも大きいと捉えられていた。ここでは、ノンモノガミーな関係の中でも、ポリアモリーとスウィングとでは社会的距離が異なることもわかる。


この調査とは別に二〇一六年には、三百七十五名の参加者が、モノガミー、ポリアモリー、オープン、スウィング、同意なき婚外恋愛（いわゆる不倫）の五種類の関係性を表した短い物語を読み、道徳性などについて評価するという研究が発表されている。結果としては、モノガミーが最も好意的に受け止められ、ついでポリアモリー、オープンとスウィング、同意なき婚外恋愛の順に好意的であった。

なお、多くの研究や記事は、スウィンガーとポリーとは、互いに認めないことがみられることを指摘している。なぜだろうか。それは、ポリーは、スウィンガーのレクリエーションセックス（カジュアル・セックス）を批判し、スウィンガーはポリーの「セックスに対する保守的な態度」や「愛の絆という考え」を批判しやすいことが理由だとされた。

例えばポリーは、「不倫ではない、自分たちなりの誠実さ」という言及を行う時、暗に、スウィンガーが性愛価値における反面教師のように位置付けられている。他方でスウィンガーが、「面倒で不自由な関係ではなく、自分に素直で自由な行動」といった語りを行う場合、ポリーの「合意に基づいた、継続的なコミットメントの約束を行うべき」という振る舞いもまた、抑圧的なものと捉えることにもなる。

もちろん、スウィンガーとポリーが必ず対立するわけではない。ポリアモラスな関係を築いているそれぞれが、オープン・リレーションシップに同意し、スウィングを楽しむというケースも存在する（スウォリー）。ともあれノンモノガミーの中にも、相当に幅広く多様なグラデーションが存在することがわかるだろう。

ポリーコミュニティにおいても、当事者の実相は多様である。しかし、モノ規範を前提とした社会では、ポリアモラスな関係を「ヤリチン」「ヤリマン」といった言葉でひとくくりにし、否定的な視線が向けられることが多い。そうした言葉が当事者を追いやり、メンタルヘルス上のリスクを増大させている点は、より広く知られる必要がある。

第5章　嫉妬は克服できるのか

文月煉さんの場合——妻と恋人と三人で暮らして

文月煉《ふづきれん》さん、三十七歳。これまで様々な職業を経験しているが、現在は物書きとして活動している。三十一歳の時から、ウェブ上などで「ポリアモリー」「非独占愛」についての発信を続けている。検索すれば、ｎｏｔｅやＴｗｉｔｔｅｒだけでなく、多くのインタビュー記事がヒットする。

幼少の頃から、複数の人を好きになる感覚のあった文月さんにとって、一つの転機になったのは、三十一歳の時だった。「東京グラフィティ」という雑誌で、恋人が複数いるという人たちが取り上げられていたのだ。

「その記事で、ポリアモリーという言葉が紹介されていたんです。気になって言葉を検索して、ああこれだと思って。その後、ポリーラウンジのことも検索で知って、参加してみたり」

言葉に出会い、自分で調べ、すぐさま他の当事者たちに会いにいく。自分と似たようなことを考えて、しかも実践している人たちがいると知ったことは、大きな衝撃だった。文月さんの頭に思い浮かんだのは、「あ、可能なんだ」ということだった。目から鱗が落ちるような体験だった。

「ポリアモリー」という言葉を知った時、文月さんはすでに、結婚をしていた。パートナーであるあすみさんは単身赴任をしており、遠距離状態にあった。文月さんは電話で、「僕はポリーだと思う」と伝えたら、「そうなんだ、いいんじゃない?」との返事。素っ気ない反応で、文月さんはやや肩透かしをくらった。

あすみさんは、文月さんに関心がなかったわけではない。もともと夫婦間で、「浮気してもアリだよね」と、オープン・マリッジに近い合意を交わしていた。そのことが、「反応の薄さ」の背景にはあった。

ポリアモリーという概念に出会ってから、「パートナーがいても、自分からアプローチしてもいいんだ」という選択肢があると文月さんは学んだ。さらに、ポリーラウンジなどで他のポリーと出会う機会を得て、あすみさん以外の人を好きになるきっかけも増えた。文月さんはその頃から、複数の恋人を作るようになった。

恋愛をするにあたって、最初は他の恋人のことを全て伝えなくてはならないと感じていた。だから初めは、できる限りのことをパートナーのあすみさんに「報告」していた。

「嘘をつくことが苦手で、正直でいたいと思うんですよね。だから以前は、『浮気』ではなく、合意の上だということにこだわっていたし。その頃は、全部言う、という形で正直でいようとしていた」

だがしばらくして、相手に全部を説明する必要もないのではないか、と思いを改める。

「報告義務が生じると、それもまた独占的だなと思って」。ポリアモリーの関係であれば、相手に全てを報告しなくてはならないといったような、新たな規範が生じるのは、本末転倒だと考える。だから今では、自身の関係様式を、「ポリアモリー」「複数愛」ではなく、「非独占愛」と呼んでいる。

このような言語化ができるようになってきた頃から、以前は頻繁に通っていたポリーラウンジに参加することが減った。複数愛についての考えが自分の中でまとまったこと。複数愛／非独占愛が、自分のアイデンティティではなく、数ある性質の一つ程度に思えてきたこと。「真のポリアモリーとは」といった線引きや「ポリアモリーあるある」などについて議論することなどにも、興味がもてなくなってきたことなどがある。

文月さんは、自分の恋人に、別のパートナーができても、嫉妬はあまりしないという。

「相手がいい人だったらすごい嬉しいなという気持ちです。幸せになってほしい。だから逆に、メタモア（パートナーのパートナー）との嫌な話や辛そうな話を聞くと、その人、大丈夫？　何か手助けしようか？　と心配になることはあります。家族に向ける心配の感情と同じで」

文月さんは、結婚している上に恋人がいるという立場だ。では、相手が自分一人だけと付き合っている場合と、他にパートナーができた場合とでは、後者の方が「フェア」になったような安心感はあるのだろうか。そう尋ねると文月さんは、次のように答えた。

「正直、多少はあるかもしれないです。本当は数の問題じゃないよとかっこつけて言いたいんですけど、その方が、気が楽だなと思ったりはします」

相手の恋人が一人だと、独占的な気持ちを向けられるのではないかと身構えてしまうからという気持ちもなくはない。だがそれ以上に、相手が楽しそうに見えるのがいいという。

非独占愛であることによって、恋愛以外の部分も含め、人間関係が広がる方が楽しいと文月さんは言う。親との仲は微妙だが、だからこそ余計に、形式的家族ではない仕方で関わりたい。血の繋がりではなく、絆と好意で繋がる仲の方が、心地いいと感じる。

「僕と奥さん、今は二人で住んでいるんですが、他の人と三人で一緒に暮らしていた時期も何回かあって。一般的にはスキャンダルって言われがちですけどね。それもまた、僕らが世間一般の〈家族〉の意味を疑って、自分たちで広げていけたからかなと」

自宅で文月煉さんにインタビューを行っている間、配偶者であるあすみさんも同席していた。あすみさんは、文月さんからポリアモリーだと伝えられた時にどう思ったか。三人で暮らしていた時期はどう考えていたのか。

あすみ「（伝えられた時は）そうなんだ、ふーんっていう。本当にそれだけでした。仕事が忙しかったのもありますけれど、そこまで気にしていませんでした。ただその後、体調を崩して、住み込みの仕事を早めに切り上げて帰ったら、彼は他の女性と暮らしているんですね。そこからは、より、現実の問題として直面したというか」

煉「遠距離での生活が三年くらいになる予定だったんですけれど、（あすみさんが）体調の問題で途中で帰ってきたんですね。もちろん、あらかじめ状況を伝えていて、その上で恋人と二人で生活していたんですけど。事情があって、奥さんが早めに帰ってきてからは、奥さんと恋人と僕の三人暮らしになって。二人は面識もなかったので、最初は戸惑いもあったと思います」

あすみ「二人で暮らしている中で、時々デートに外出するとかだったら、そのまま『ふーん』で良かったんですけど。さすがに一緒に住むと、ああポリアモリーだな、と実感せざるを得ないというか。相手（メタモア）のことも嫌いじゃないけれど、共通の話題もあまりなかったので、どう接するのかは戸惑いました。でも、お互い、大事にしたいっていう感覚です。（メタモアとあすみさんの）二人とも、ちょうどメンタルを崩していたので、その方が優先というか。嫌とかではなくて、よく知らない人が同じ家にいる、というところに慣れる時間が必要で」

煉「自分が弱っている時は寄り添ってほしい、という気持ちが、両方に、同時にあったんですよね。でも、僕は体が一つ。時間も限りがあって。だから、その日はどちらと一緒に寝るか、というような問題が」

あすみ「その日、より辛い方と寝る、という（笑）」

煉「物理的なしんどさは、あるにはありました。恋人と暮らしていたのも、彼女の具合が良くなかったからなんですよね。だからあすみちゃんにとっては、自分も辛いけど我慢しなくてはいけない、というようなところから出発してしまったんです。その時が一番、複数愛の大変さのようなものを感じました」

そこには、ポリアモリーという関係ならではのストレスはなかったのか。あすみさんに尋ねたが、彼女は軽く否定をする。

あすみ「隙あらば構ってくれるんですよね。体が一つしかないけど、最大限ケアしてくれてる。向こうにばっかり構っている、態度が違う、とかだったら嫌だったかもしれないけれど、私のことも大事にしてくれることも伝わる。徐々に、その人（メタモアの女性）のことを理解したりとか、仕事を休んで体調も元気になってきて、丸くおさまっていったというか。（セックスについては）部屋は二つあったので、一応分けてはいたけれど、結構気にしなかったかな。なんでもあけすけというか、あんまり隠さなかったかな」

煉「（する時はラブホテルに行く、する時はもう一方が部屋を出ていく、みたいな）ルールは特になかったですね」

あすみ「三人で仲良く、ってこともあったし（笑）。割とそこは気にしない感じだったかな。いつでも家でしていた」

煉「でも、はじめから三人でしたいという気持ちがあったとか、それを望んでいたわけではないというのは当然で。僕はパートナーを選んでいるけれど、メタモアがお互いを選んだのではないわけですよね。メタモア同士が性的に惹かれるとは限らない。でもたまたま、僕が好きになった人は、バイセクシュアルの人が多くて」

あすみ「私は基本的にはヘテロセクシュアル。その時のメタモアが、私と体を触れ合うのも楽しそうだったから、それは楽しかった。でも、自分にとってはそれだけで、その後は女の人に性欲が向くことはなさそうでした」

この時の三人暮らしは、半年ほどで解消した。もともと、メタモアの女性の体調が悪く、文月さんが心配だったという理由からの同居であったため、回復のタイミングで自立していったのだという。

その彼女とは、しばらく経って恋人関係ではなくなった。しかし、縁が切れたりはしないという。

「恋人でなくなったあとに、自分の中では家族のようになることが多いんですよね。性の部分がなくなっても、他の感情は残るから。何かあったら駆けつけるよ、みたいな」

このように文月さんが話すと、あすみさんがすかさず、「いろんな人の、お兄さんやお父さんみたいになるんですよね」と補足する。

あすみさんは、文月さんと他の女性との関係なども、終始ニコニコ楽しそうに話す。文月さんの自由さを、ほとんど気にせず、自然と受け入れているようだった。時には、予期せぬ変化をも楽しむように。

では、あすみさん自身は、「複数愛を生きる」ことをしないのか。また、嫉妬の感情はないのだろうか。

「そもそもあまり、恋愛をしないんですよ。煉さんが楽しそうなので、自分も他の人とも親密になろうかなと思ったんですけど、あまり続かなくて。やっぱり、恋愛に興味が湧かないんだな、って思って。可能性としては私も複数愛に開かれているし、煉さんのことも誰かのことも独占する気はないんですけど、自分はあまり恋をしないなって。

嫉妬とかは本当になくて。煉さんはいろんな人と仲良くしていて、私は人と仲良くするのが得意じゃないなって思うので、羨ましさはあります。でも、羨ましいからやめろみたいには思わないですし。あとはたまたま、自分がとても構ってほしい時に、他の方とのデートが入っていたら、寂しいなとは思う。でもそれは、（デートしたい時に）仕事が入っていて忙しいという時と変わらなくて。一瞬寂しいだけで、後から大事にしてくれるって分かるし。煉さんへの取材とかで、『奥さんがすごいんですね』とかたまに言われたりして。『許してすごいね』とか。それには結構、違和感があるんです。

単数愛の人は、『私を優先するのが当たり前でしょ』『どうしてあの子と遊んでるの』って主張するイメージがあります。でも自分は、『気にせず行って来なよ』って言える自分がいいというか、そう生きていたいという気持ちなんですよね。〈生きたい形〉が違うというか。『許す』というのにも違和感はあります。そもそも自分が『許さない権利』を持っているとも思っていないんですね。法的には、私が民事で訴えれば、煉さんやメタモアの方から、慰謝料などを取れることになっていると思うんですけれど。その権利を、私は使いたいとは思わないんですよね。安心して仲良くしてきてね、『許さない権利』は放棄するから、みたいな。そのために結婚したわけじゃないし。

世の中には、本音が言えない人もいると思いますけど、私は構ってほしい時は、自分で言うので。我慢する苦しみ、みたいなのはないですね」

現在の結婚制度は、モノガミー（単数婚）を前提にしている。だから、「独占する権利を持っている」「許さない権利がある」というものが含まれていることに、文月さんもあすみさんも、違和感を持っている。「結婚式で、神父の前で誓うことにも違和感があって。愛し続けることを誓いますかって言われても、変わるかもしれないことまで誓うのは無責任だなっていうか」と文月さん。毎月更新や一年更新。「許さない権利」の放棄。項目ごとに選んで、話し合えるような制度の方がいい。

多くのカップルも、そうしたことを一度は考えた方がいいのではないか、と時々考える。結婚は、互いの未来を縛るもの。それは、安心感よりも不自由につながる方が大きい、とも感じている。

顔や名前を出して活動する文月さんのもとに、複数愛について相談が来ることもしばしばある。一番多いのは、嫉妬のコントロールについてだ。「どうしても嫉妬してしまう」「パートナーの嫉妬が強い」。そうした問いに対して、正解のようなものを提示することはできないという。

嫉妬と一口に言っても、いろいろな感情や理由がある。そして、嫉妬の理由も、人それぞれだ。

「そもそも嫉妬の感覚って、『見捨てられ不安』だけでなく、自分が我慢してるのにずるい、って感覚もあるみたいなんですよね。驚いたのが、バラエティ番組の取材を受けた時、『自分の奥さんが他の男とセックスをしたと聞いたら、その後にセックスする時、他の人が舐めた飴を舐めるみたいな気持ち悪さはないですか』って言われて。そういう潔癖というか、『穢れ』のような感覚が人にあるのか、って思いました。だから、どんな嫉妬を、なぜ、どのようにするのか。それをひとまず、整理して、置き換えられるところから始めたら、と答えることが多いですね」

パートナー間に序列はあるのか

一人のパートナーだけを作る前提のモノガミストと異なり、複数のパートナーと交際するポリーの場合、「それぞれのパートナーとの関わり方」は、重要なテーマとなる。

例えば、複数のパートナーを階層的関係に位置付けるポリー、すなわち複数いる恋人の間に、序列や順序を設けるポリアモリー形態の場合、「プライマリー＝第一パートナー」、「セカンダリー＝第二パートナー」などと区分されることもある。

階層的関係では、特定のパートナーシップが他の人とのパートナーシップよりも優先されたり、多くの権限が与えられていることもある。先に交際していたプライマリーが優先され、後から交際することになったセカンダリーとは、プライマリーとのスケジュールが空いている日のみのデートとなる、といった具合に。

では実際には、ポリアモリー実践者は、階層的関係（パートナーに序列をつける関係）か非階層的関係（一人を優先させるのではなく、自律性や立場が同等の関係性を目指している関係）か、どちらになることが多いのか。そのことを尋ねた調査がある。複数のパートナーが存在するポリーに対し、パートナーを「第一、第二などの序列がある」「コ・プライマリー＝みんな第一である」「ノン・プライマリー＝序列はない」の三種類に分けて回答を求めたものだ。

二〇一三年の調査では、ポリーの63％が「序列あり」、19％が「みんな第一である」、19％が「序列はない」と答えたが、二〇一七年の調査では45％が「序列あり」、22％の人が「みんな第一である」、33％が「序列はない」と回答した。

この調査ではさらに、「みんな第一である」と「序列はない」と答えた参加者それぞれの生活実態に着目した上で、関係持続期間と同居期間から、「擬似第一パートナー」と「擬似第二パートナー」を割り出し、それぞれのパートナーに対する満足度を調べている。その結果、擬似第一パートナーと擬似第二パートナーで、関係満足度についての有意差はほぼ認められなかった。

一方で、相手への投資、セックスに費やす時間、秘密の存在などは、擬似第一パートナーと擬似第二パートナーではいくつかの差が認められた。ただし、「序列あり」と回答した群における第一パートナーと第二パートナーとの差よりは小さかった。つまり、複数のパートナーに「序列をつけない」というポリーは、パートナー間の不公平を減少させようとする意識が見られるということでもある。

さらに別のアンケート調査では、第一パートナーは第二パートナーと比較して、投資、満足度、献身（コミットメント）、コミュニケーションが多かった。つまり、ポリーは「今のパートナーに不満だから」という動機で、さらなるパートナーを求めているわけではない。第一パートナーとの満足度を維持したうえで、さらにそれを高めるために他にもパートナーを選ぶという人こそが、ポリアモリーという形態を持続することができる、ともいえる。あるいは、第二パートナーの受け入れについて合意を得ることで、第一パートナーへの満足度がさらに上昇している可能性もある。

ただしこの調査ではさらに、それぞれのパートナーと一緒にいる時間のうち、性行為に費やす時間の割合は、第二パートナーの方が多かったことも明らかになった。一方で第二パートナーは、第一パートナーよりも、家族や友人からの受け入れがより低く、関係を秘密にすることがより多かった。これは、ポリアモリー、特に第二パートナーに対する固定観念が影響している可能性がある。

この結果からは一見、ポリーは第一パートナーと精神的な満足を高め、第二パートナーと性的な満足を高めている、という傾向に見えるかもしれない。ただしこれは、第一パートナーと交際したのちに、第二パートナーとの関わりを作るという時系列も影響しているだろう。

モノガマスなカップルであっても、パートナー間での性交渉の頻度は、関係が長引くにつれ少なくなっていく一方、精神的なつながりは時間とともに摩滅せず、上昇することもある。ポリーは「一人では満足できないから他の人を求める」という捉え方をされることもあるが、個別の面から見れば、「パートナーを乗り換える」ということはせず、関係性持続のために努力しているとも言える。

なお、それぞれのパートナーの性的欲求充足度と関係満足度について調査した別の研究では、第一パートナーとの間で性的欲求充足度の高い人は、第二パートナーとも関係満足度が高いことが示されていた。それぞれのパートナーとどのような関わりを持ち、どのような満足を得るのか。それは結局は、個別の当事者によって異なるとも言えるだろう。

文月さんにとってあすみさんは、一見すると「ネスティング・パートナー」であると同時に、「アンカー・パートナー」であるように見える。「ネスティング・パートナー」とは、住居を共有するパートナーのこと。そして、「アンカー・パートナー」とは、人生の中心的な存在であり、安定した「錨」として寄り添ってくれるパートナーのことだ。

恋人や結婚相手がすでにいる状態で、ポリーであることを自覚し、カミングアウトを経て実践に移った場合、その時の交際相手がそのまま、「第一パートナー」として位置付けられることも多い。「繊細な内面について自己開示をした結果、受け入れてくれた」という信頼関係や慈愛意識が、その後の関係強化に繋がっているようでもあった。

ただ、文月さんはこのようなカテゴライズそのものに、違和感を抱いている。

「僕が相手を、『第一パートナー』『第二パートナー』と呼ぶことは決してありません。あすみちゃんが僕とは別の場所で生きたくなったら『ネスティング』でなくなる可能性もあるし、将来的には他の人が『ネスティング』や『アンカー』になる可能性もある。あすみちゃんにも別の『ネスティング』や『アンカー』ができる可能性もある。そういうことに開かれているからこそその『非独占』であるという自己認識です。ポリアモリーの用語にカテゴライズされるのが嫌でポリアモリーという言葉から離れた、という経緯があります」

文月さんの場合、外形的には、あすみさんとの既存のリレーションシップやパートナーシップがある状況でポリアモリーへの発展がなされている。ただ、文月さん自身は、複数愛≠非独占愛の実践にあたって、序列などのない関係（非階層的関係）を目指すことを心がけているようだった。

「コンパージョン」という感情

さて、文月さんやあすみさんが語ったような、「恋人に好きな人ができ、喜んでいると、自分も嬉しい」「恋人が誰かに好かれると嬉しい」といった感覚は、ポリアモリーなどの関係指向の文脈では「コンパージョン」と呼ばれる。コンパージョンは、時として、「嫉妬」の対義語のように位置づけられることも多い。

「自分の好きな人は素敵なので、他の人から好かれるのは当然だと思う」
「好きな人が楽しいのが一番嬉しい」
「大事な家族であるペットが、招いた友人に可愛がられたら嬉しい。（コンパージョンは）それと似ています」

このようなたとえ話をするポリーと、何度となく出会った。確かに動物に愛情を抱く人は、複数のペットと同居しても、それぞれのペットを可愛がることができる。また、自分のペットが来客や通行人に愛でられていると、強い満足感に満たされる。

同様にポリーは、「自分が好きな人が、他人から受け入れられている様子と、嬉しそうな様子をみて、幸福と満足感を覚える」ということになる。この比喩は、ポリーが他者を、動物やペットのように扱っているという意味ではない。むしろ逆に、ペットが大切な家族でありパートナーであるのと同様に、ポリーは親密な対象を幅広く捉えつつ、パートナーが親密圏を拡張することを許容し、そのことに喜びを抱くということになる。

アイドルなどを「推す」人の中には、その対象に対して独占的に振る舞う、いわゆる「同担拒否〈同じ推しを〈担当〉する人を〈拒絶〉するという意味〉」の人もいる。他方で、「自分の推しが、多くの人に好かれて嬉しい」という喜びを抱く人もいる。ポリーの中には、コンパージョンを、「推しの共有」のような喜びだと表現する人もいる。

もちろんコンパージョンを抱かない人にとっては、これらのたとえ自体に、違和感があるだろう。キャラクターやペットは他の人から好かれても、自分との時間が減ったり、自分から逃げたりしない。しかし恋人の場合、その人との時間は減りうるし、場合によって自分から離れることもあるではないか、と。

相手との時間や関係、信頼などを、「有限で排他的なもの」と捉えるか否か。恋愛を「独占的な拘束を許容するもの」であると捉えるか否か。いかなる性規範を内面化しているか。相手とのどのような関係や状態を安心するものだと捉えるか。こうした違いによっても、コンパージョンの有無は大きく変わってくる。

そもそも嫉妬とは何か

嫉妬＝jealousyは、羨望＝envyという感覚と区別される。嫉妬は「自分の所有物を誰かに奪われることへの怒り」を指す言葉だが、羨望は「他人が所有しているものに対する願望や怒り」を指す言葉だ。

嫉妬は特に、「関係への脅威」が知覚されたときに生じる感情だとされる。例えば自分と親密な人との関係が、第三者の登場によって揺らぐような場合だ。

人との関係は、常に流動的である。そして人は社会的な動物であり、自分より優れた人と比べる「上方比較」を行ってもいる。だからこそ人は、奪われることへの怒りとしての嫉妬とは別に、「交換不安」といった感情を味わうことになる。

交換不安とは、「関係相手にとって自分はふさわしくないのではないか、自分よりふさわしい誰かと交換されるのではないかと心配する気持ち」のことだ。例えば自分より仕事ができる後輩が会社に入ってきたり、自分より成績優秀な弟が親に褒められたりすると、人は交換不安を刺激されることになるだろう。

交換不安と嫉妬感情は、よく似てはいるが、異なる概念だ。交換不安は、交換されることを阻止しようと、相手に対し、「依存性を高める行動を選択的に動機づける感情」とされる。一方で嫉妬感情は、奪われる可能性への反応であるからこそ、「関係相手やライバルに対して攻撃行動を動機づけやすい」感情とされている。つまり、交換不安を抱いた人は、自分が役に立つとアピールするなどする一方で、嫉妬感情を抱いた人は、ライバルや恋愛相手を非難するということがあるというわけだ。

いずれの感情も、評価されたい相手との間に、第三者が現れた時のものという点では一致しているが、交換不安の場合、「相手にとって有用だと思わせることで繋ぎ止める」「相手のスケジュールを管理することで交換の機会を与えない」などの行動にも繋がる。

恋愛の場合、例えば恋人がいる人を羨ましがる感覚は「羨望」であり、今は恋人がいるものの、「第三者」が現れることで自分と相手との関係が損なわれることへの怒りや不安は「嫉妬」や「交換不安」となる。

第三者の登場は、恋人枠やデート枠、あるいは余暇やレクリエーションの時間を奪われる可能性を意味する。そこに恋愛の可能性がなくても、例えば仕事で忙しかったり、友人とばかり遊びに出かけたり、ゲームばかりしていたりといったことに不満を抱き、「自分にもかまってほしい」と嫉妬することもあるだろう。

一方で、「仕事や友達に時間を割くことは全く気にならない」という人もいる。それは、「時間は確かに奪われているから寂しいが、恋人という関係が奪われるわけではない」と考えられるためだ。それが、「他の人とデートしてくる」「他の人とセックスしてくる」となると、また受け止め方が変わるだろう。モノガマスな人にとってそれは、恋人という立場についての交換不安を刺激されることになる。

複数の恋愛を行うポリーの場合、相手が自分以外の人とデートをすることが、直ちに自分の関係性を脅かすわけではない。相手が複数の人と交際することに合意しているため、恋人の座を奪われる、という可能性が下がるためだ。そのため、モノガマスな人と比べ、「交換不安」を抱きにくい側面があるかもしれない。

他方でポリーの人でも、「他の人とデートするなら、自分ともしてほしい」という嫉妬を感じることはある。「自分も見たかった映画を、メタモアと見に行ったのはずるい」「自分はたまのデートなので、同居しているネスティング・パートナーが羨ましい」といった不満も生じうる。

また、自分自身がポリーであっても、交際相手がモノガマスな人であったり、あるいはメタモアがモノガマスな人である場合などには、交換不安を抱くことになりうる。「メタモアから、自分と別れてほしいと言われたら、パートナーは応じやしないだろうか」と。このようにポリーにとっても、嫉妬、羨望、交換不安は、決して無縁というわけではない。

嫉妬と交換不安のコントロール

ポリー本人、またはパートナーがポリーである百四十一名に対して記述式調査を実施した論文では、「全てのポリーが、コンパージョンを実現するとは限らない」とし、多くのポリーが嫉妬を経験していることを明らかにしている。具体的に、いかなる場合において、嫉妬の感情が発生しているか。それは主に、次のようなときだ。

1　排除されたと思うとき（スケジュールがぶつかったり、不平等な扱いを受けたりしたとき）
2　パートナーが他のパートナーと親密なとき
3　パートナーが透明性のないコミュニケーションをしているとき
4　誰かと競争しているように感じたとき（特にパートナーに自分の嫌いなメタモアがいるとき）

どんな出来事でどの程度、不快な感情を抱くかは、人によって異なる。だが、見捨てられる不安や居場所の喪失につながるような場合は、モノガミーだろうがポリーだろうが、嫉妬や不安などのネガティブな感情に飲み込まれることがあるようだ。

ただし、嫉妬とコンパージョンは、二律背反の関係にあるというわけでもない。嫉妬した出来事から対話を行い、コンパージョンの感覚を強化するというようなことも、多くのポリーが経験している。

コンパージョンの感覚に共感せず、恋愛は二者関係に閉じる排他的なものであると位置付ける立場からは、ポリアモリーやオープン・リレーションシップなどが、恋愛関係や日常生活を不安定にするのではないかと思われるだろう。だが、ポリーへの一連のインタビューでは、「ポリアモリーに合意したことで、関係が強化された」というエピソードは少なくない。

海外で行われたいくつかの調査は、ポリアモリーの実践者に、ポジティブな特徴を見出している。例えば、CNM（consensual non-monogamy：合意あるノンモノガミー）の実践者を対象として、第一パートナーと第二パートナーそれぞれとの性的欲求充足度と関係満足度の関係を調査した研究がある。この研究では、第一パートナーとの性的欲求充足度が高い人は、第二パートナーとも、関係満足度が高くなることがわかった。

このことから、複数のパートナーを持つことは、単に多く性的欲求が満たされるだけではないことがわかる。いずれかの関係を強化することによって、他の関係もより快適になるという、「スピルオーバー効果（狙ったところとは異なるところにまで影響を与える効果）」さえ生まれていた。

ノンモノガミーと嫉妬についての研究は、次のようなことを明らかにしている。

ノンモノガミーの人も一般的に、嫉妬を経験する人が多い。ただしモノガマスな人よりも嫉妬の経験が少なく、また「自分は他人よりも嫉妬することが少ない」と認識しがちとなっている。そしてノンモノガミーの人が抱く嫉妬は、時間と共に減少していく傾向にある。さらに、多くのノンモノガミストは、パートナーが他の人と性交することについて、肯定的な反応を持っている。

ポリーなどのノンモノガミーの人は、嫉妬を「耐え難いもの」というよりも「マネジメントできるもの」とみなす傾向にある。つまり、嫉妬は自分への気づきの機会であると同時に、他人との関係を深めるものとして位置付けている。

ポリアモリーを実践している人であっても、嫉妬感情を抱く人はいる。一九九七年に刊行され、ポリアモリームーブメントに大きな影響を与えた著作『ザ・エシカル・スラット』（エシカルは「倫理的な」、スラットは「ふしだら」「あばずれ」という意味）でも、嫉妬への自助は、重要なテーマになっている。また、ポリアモリーについてのＦＡＱを掲載し、マニュアル的な役割を果たしている『モア・ザン・ツー』のなかでも、嫉妬の管理について多くの文字数を費やしている。

これらの研究や書籍が示唆するように、ポリーは複数の人と交際することで、多くの幸福感を得ると同時に、それぞれの関係性にも良い影響を見出そうとしている。

コンパージョンという感覚には、複数の感情が含まれていると考えられる。「嬉しさ」「愛しさ」のようなものもあれば、「嫉妬感情や交換不安などをマネジメントできている自分への誇らしさ」「相互の自由についてのリスペクト」のような感覚などである。

メタモア――パートナーのパートナー

メタモア、すなわち「パートナーの、自分以外のパートナー」という存在こそ、ポリアモリーという形態が持つ大きな特徴である。

一対一の排他的な関係ではなく、恋愛の可能性が複数に開かれていること。つまり、「自分以外のパートナー」や「さらに出来るかもしれない他のパートナー」の存在が、さまざまな場面で影響をもたらすためだ。

応用倫理学者のルーク・ブラニングは、「第三者の存在は、ポリアモリーの構成的特徴である」と端的に整理している。ここでの第三者とは、現在のメタモアに加えて、「ポテンシャル・メタモア（メタモアになる可能性のある人）」を含んでいる。

モノガミーは一対一の関係を前提としており、第三者の存在は前提にされない。あったとしてもそれは、「望まぬ偶発的なもの」あるいは「秘匿され不可視化されるもの」と位置付けられる。モノガミーは、「第三者を排除しあう」という合意であるからだ。

それに対しポリアモリーでは、「第三者との持続的で親密な対立」を伴うことになる。それは、実際にメタモアと会ったことがあるか、あるいはメタモアが現時点で存在しているかどうかに限らない。

人がポリアモリーという関係様式を選ぼうとする段階で、常に、まだ見ぬ、まだ存在せぬ、しかしいつか現れるかもしれないメタモアの姿を想定することになる。ポリアモラスであるということは、現実であろうと想像であろうと、常にメタモアと対峙することを意味する。

ワルシャワ大学の倫理学者、ジョアンナ・イワノフスカは、メタモア関係こそがポリアモリー関係の基盤であるとしている。そして全てのポリーは、メタモアとの間接的な関係性を無視できないとしている。

ポリアモリーの親密な関係は、互いにさまざまな影響を与えあう。仮にメタモア同士が親密に関わっていなくても、パートナーを介することで、メタモア同士もまた、「無視できない影響」を与え合うことになるのだ。

三人がそれぞれ全員と交際するトライアドのような場合は、その影響はわかりやすい。一方で、例えば異性愛者である同性メタモア同士の、恋愛関係にない関係であっても、メタモアの影響を無視はできない。

それは必ずしも競争関係を伴う「敵対」ではない。スケジュールの調整を行う、仕事に疲弊したパートナーを同時期にケアする、趣味などを間接的に共有する、メタモアと行ったデートの話を聞く。相手の存在を認めつつ、さまざまな感情をも受け入れるという「向き合い」が、日常の中で生じることになる。

モノガミーとポリアモリーの間で、嫉妬の感情に差があるのだろうか。その問いについて考えるため、「自分のパートナーが他の人と付き合うこと」についての反応を調査した研究をみてみよう。

この調査では、パートナーが他の人と感情的あるいは性的な関係性を持ったという架空のシナリオを読んでもらう。その上で実験参加者に、自身の認知的・行動的・感情的嫉妬の度合いを評価してもらっている。

「認知的な嫉妬」は、疑いや心配の頻度を尋ねている。例えば、週にどのくらい、「自分のパートナーが自分の合意なしに、誰かと仲よくしているのではないか」「誰かのことを好きなのではないか」などと考えるか、というものだ。

「行動的な嫉妬」では、「防衛行動（例：過去の恋愛がどのようなものだったか尋ねる）」や「隠密行動（例：パートナーのかばんを探る）」などの行動の頻度を尋ねている。つまり、どれくらい具体的な行動を取るかということだ。

そして「感情的な嫉妬」では、「パートナーが自分以外の人に肯定的なことをしたとき（例：褒めたとき、デート、ハグをしたとき）にどれくらい腹が立つか（あるいは喜ぶか）」について尋ねている。これは、現れる反応の大きさなどにフォーカスしたものだ。

調査の結果、モノガミストは、ポリーよりも、感情的な嫉妬を抱きやすかった。一方でポリーは、モノガミストよりも、認知的な嫉妬を抱きやすかった。

また、ポリーの人の方が、「パートナーと他の人との関係について考える時間」がより長かった。つまり、ポリーの多くは、嫉妬の感覚に対して時間をかけて向き合った上で、頭の中で合理化している可能性があるということである。

一方でこの調査では、モノガミーでは、男女に差が見られたことも指摘している。男性のほうは、パートナーが他の人と「感情的関係」を築いている時のほうが、より受け入れられる、あるいは満足できるとしていた。それに対し、女性のほうは、パートナーが他の人と「性的関係」を築いている時のほうが、より受け入れられる、あるいは満足できるとしている。

この調査を行った、サウスカロライナ大学の心理学研究者、ジャスティン・K・モギルスキーらは、結果を受けて、いくつかの考察を行っている。進化や進歩の観点からすると、かつて嫉妬は生殖にとって有効であったが、現代においてもそうとは限らない。むしろ現代では、生殖をコントロールし、個人の満足度や関係性の満足度を追求することが重視されるため、嫉妬こそが、現代の生活様式にとって不適応的な感情になる可能性があるのだと。

ではコンパージョンは、「嫉妬の克服」によって、誰もが得られるようなものなのだろうか。この問いに対して、明確な答えはない。

そもそもポリーにも、嫉妬感覚が薄いという人もいれば、嫉妬に対し認知的に向き合った結果として、合理化できるという人もいる。また、特にパートナーの行動がペア内での利益に繋がる場合においては、コンパージョンが得られるという声もある。

パートナーとメタモアとの性的関係や恋愛関係に同意することで、結果的にペア内での関係性の満足度が高まるのかもしれない。この点で、コンパージョンは嫉妬の反対にある感情ではなく、むしろパートナーに望ましいリソースを提供して価値を高め、満足感を得るための感情だといえる。

ポリアモリーについて考える用語の一つに、「ＮＲＥ」というものがある。これは「ニュー・リレーションシップ・エナジー」の略である。恋愛のはじめたての時の新鮮さや胸の高鳴りといったように、新たな関係性がもたらす活力ある状態のことだ。

ポリーが新たな恋愛を始め、NREを感じることによって、仕事や生活の満足度や献身性が上昇し、もともと付き合ってきたパートナーへの情愛も増えるというケースもあるだろう。逆に、新たなパートナーとの時間ばかりを重視し、プライマリーであったはずのパートナーを疎かにすることも起こりうる。

また、メタモア同士の間、あるいはポリファミリーの子供が「新しいメンバー」に対してNREを感じ、素敵な時間が増えたと感じるケースもある。その影響は実にさまざまだ。

もちろん、コンパージョンの感覚も、NREの感覚の大事さもわかるが、同時に嫉妬につかうエネルギーが膨大で、関係性を再構築する余裕がないという人もいる。つまり、「ポリアモリーが根本的に不可能なわけではないが、今は消耗したくないから、ひとまず排他的でいたい」という選択的モノガミストもいるだろう。

逆にポリーの中にも、「コンパージョンを得なくてはと嫉妬を抑圧してきたが、無理がたたって関係解消に至ってしまった」というケースも少なくない。望ましい関係様式にこだわり、健康状態を悪化させてしまうことは、どの関係指向の人でも起こりうる。

コンパージョンと嫉妬は、必ずしも対立する概念ではない。同時に「嫉妬を乗り越えられた人がコンパージョンという感情を得られる」という単純なものでもない。

嫉妬やコンパージョンの現れ方の違いは、それぞれの人が望ましい関係を手に入れるための、認知的・感情的・行動的な戦略の違いであるとも言える。そして、それぞれの当事者が、どのような感情や認知に基づいた関係づくりがマッチしているのかを、嫉妬やコンパージョンといった感覚を頼りにしながら、模索しているのであった。

第6章　二人のポリー女性との対話

女性カップルを中心としたポリーグループ

大阪在住のMITSUさん、三十三歳。セミロングの髪型で、白地のTシャツを身につけている。表情には、穏やかさと共に、凛々しさがある。時折、手を顎に寄せながら、じっくりと言葉を選ぶ。自分の思考を捉えることに誠実な印象がある。インタビュー時には、長文のレジュメを準備していた。

同じく大阪在住のKisaraさん、四十一歳。ベリーショートの髪型で、明るい服装をさらりと着こなす。多くの本を読む読書家。少しスローなテンポで、それでいてはきはきと話す。ニコニコと笑顔で話しながらも、言葉のひとつひとつに鋭さがある。彼女もまた、インタビューに備えて、コンパクトな資料を用意してくれていた。

MITSUさんと、Kisaraさん。二人の女性は、それぞれ他の男性パートナーと同居しつつ、お互いに愛しあって、共に育児もしている。十年以上前にオンラインで出会った二人は、今では近所に住み、子供を含めたポリーグループとして、日常的な交流を行っている。もちろん、それぞれのパートナーにも、ポリアモリーについての説明を重ね、対話と合意を積み重ねてきている。

本章ではこの二人のポリー女性の言葉を紹介しながら、ポリアモリーにおける対話の重要性や、ポリアモリーにも内在する「ポリ規範（ポリアモリーとはこうあるべき、といった規範）」についても考えていきたい。

MITSUさんの場合――SNSがつないだ出会い

MITSUさんが最初に「複数の人を好きになった」と感じたのは、二十歳頃。当時付き合っていた彼氏とは別に、「他にも恋愛をしてみたい」という気持ちが強くなったことがきっかけだった。相手に対して冷めたというわけではない。「一対一でずっとやっていく」ということに、行き詰まりを感じたという。

その後、彼氏以外の人ともデートを重ねてみたが、そのことを知った彼氏が激昂。「逆上した彼氏にレイプされましたが、当時は自分の中に罪悪感があったのと、付き合っていればセックスするのが当たり前という思い込みがあったためか、自分が暴力を受け、傷ついていると認められたのは、それから四、五年後でした。今思えば、不貞や多情に対する罰、つまり、ふしだらな女には罰が加えられて当然、という感覚があったのかもしれません」。

その後も彼氏とはしばらく交際を続けたが、モノガマスな恋愛に限度を感じ、一年ほどして別れる。その頃、当時流行していたSNS「ｍｉｘｉ」で、今の恋人であるＫｉｓａｒａさんと出会う。同時に、ポリアモリーという言葉とも出会った。

「ｍｉｘｉのコミュニティに、彼女が書き込みをしていて。そこから私が、彼女のプロフィールに飛んで、足跡とか残ったんですよね。そこからたどってきてもらって、やり取りがコメントとかで始まった感じですね。彼女が、日記とかでポリアモリーのことをすごく丁寧に書いていて」

Ｋｉｓａｒａさんはｍｉｘｉにて、文才豊かに、自身の人間関係などについて綴っていたという。ＭＩＴＳＵさんはその文章に惹かれて、Ｋｉｓａｒａさんとやりとりを始めた。

その頃から、異性愛規範、モノガミー規範をはじめ、「付き合っていなければセックスしてはならない」「セックスするには愛し合っていることが必須」といった価値観から距離を取るようになった。フェアで自由に性愛を楽しもう。そう探求するようになった。

二人が初めて会ったのは、やりとりを始めてから一年半ほど経った頃。当時、ＭＩＴＳＵさんは仙台に住んでいたが、Ｋｉｓａｒａさんが会いに来てくれた。当時Ｋｉｓａｒａさんは既婚だったが、ＭＩＴＳＵさんとも「パートナーのような関係」になった。

「パートナー、とか、付き合う、っていう言葉を私たちはあんまり使わないんです。定義があいまいじゃないですか。なので使わないんです。ちょっと恥ずかしいんですけど、私はハニーって呼んでます。彼女のｍｉｘｉ日記上とかでも、私は〈ハニー〉として登場するようになったんです。自分も、憧れていた物語の中に入れたって感じですね」

そこから年に二回くらいずつ、ＭＩＴＳＵさんはＫｉｓａｒａさんの暮らす大阪に遊びに行くようになった。

ＭＩＴＳＵさんが大阪に通うようになってからしばらくして、Ｋｉｓａｒａさんの「旦那さん」にも会うようになった。

最初は、「仲のいい友人」として会い、しばらく後に、「旦那さん」にもオープンにするようになった。Ｋｉｓａｒａさんが、「あなた以外にも大事な人がいるんだ、一回食事しているＭＩＴＳＵちゃんだよ」と告げたのだ。

「かなり家庭は揺れたようなんですけども、その後なんとか落ち着いたみたいで。その数年後に、私が大阪に越して、もっと頻繁に会えるようになって」

大阪に来てから、ＭＩＴＳＵさんは現在の夫になる人と出会う。交際前から、自分自身の関係指向などについて説明した上で、Ｋｉｓａｒａさんの日記や、深海菊絵さんの書籍（『ポリアモリー　複数の愛を生きる』）を渡すなどした。彼は抵抗することなく、真摯に受け止めたという。

その後、ＭＩＴＳＵさんは彼と一緒に、大阪で暮らすことになる。そのうち、事情を理解する彼のほうから、「Ｋｉｓａｒａさんの家のすぐそばに住もうか？」と提案してくれた。

「今は、徒歩三分くらいの距離に住んでいます。私は旦那と付き合い始める前に全部カムアウトしていて、Ｋｉｓａｒａさんも旦那さんに全部カムアウトしてるから、オープンな近居という形なんです」

ＭＩＴＳＵさんは取材当時、妊娠出産に向けて、「共同育児チームメンバー」を募集していた。

「今、すぐ近くには住んでいるんですけど、それぞれの二つの家庭のリズムは別々で動いているんですね。なので、もうちょっとそれを、近づけたい。彼女は五人一緒に住みたいって言うんですけど、私は想像がつかないので、例えば同じマンションの隣同士とか、二世帯住宅とか、もう一歩近づけたい。生活を共有したいっていうのがあって。

それから私は、もし妊娠出産育児をしていくなら、もうちょっと大人の手が欲しいなというのがありまして。家族っていうとどうしても血縁関係が強調されると思うんですけど、『チーム家族』とか『チーム育児』みたいな気持ちです。それらをつなぐのは、夫婦のような性愛関係でなくても全然いいというか」

MITSUさんは、ひとまず婚姻制度は利用しているものの、現在の制度に納得していない。現在の婚姻制度は、モノガマスであることを前提としている点も、不満の一つだ。

「モノガミーが唯一絶対の教義で、それ以外は魔女狩りというか、背信者のようにやられる。モノ神《ガミ》様、って呼んでるんですけど。不倫報道とかも、『教義に背いたお前は背信者だ』というような、断罪的な扱い。ちょっとそれは、って思います。

当事者が相手を非難することは、感情的にはあると思うんですけど。他人が社会的制裁をする権利があるのかな、とは思います。子供がかわいそうだろう、とかも、子供がどう思ってるかなんて正直わからないのを、勝手に代弁するのもなんかなあと思います。

それこそポリアモリーの人はよく、『子供がかわいそう』って言われます。Ｋｉｓａｒａさんにも子供がいるんですけど、『全然かわいそうじゃないわ！』と思ってますね。私が預かったりすることもあったりして、言ったらその子のためじゃないですか。懐いてくれてますしね」

家族の在り方は、自分たちで作り上げる。そんな姿勢に、芯の強さがうかがえる。

ＭＩＴＳＵさんは、「ポリーラウンジ」や「ポリ読書会」などといった場で、他の当事者たちとも言葉を交わす機会を増やしていった。また、パートナーであるＫｉｓａｒａさんらと共に、「ポリバケツ」というバーイベントも行なったことがある。ポリーやポリーフレンドリーな人だったら自由に参加できるという、ゆるいイベントだ。

少しだけ、コミュニティを広げる。それもまた、楽しい経験だった。いろんな価値観を持つポリーに会うことで、自分の考えもさらに整理されたように感じている。

「私は自覚的に、元から素質はあったとしても、バイセクシュアルとポリアモリーとを後天的に選択したことに誇りのようなものを感じています。生き方、愛し方、性的主体性を取り戻す探求の中で、手に入れた大事な道具という感じ。後天的に選択したのなら、ただのわがままではないかと言われるかもしれません。それに対して、違うと言い切るのにも、躊躇する部分はあります。

わがままだったとしても、それで何が悪いのかと。単なるわがままとして片付けられてきた差別がどれほどあるか。ちょっとずつ、わがままを許し合えればいいのに、と思います。

自分のわがままを押し通すには勇気が要りますよね。他人のわがままを批判するのはそれよりも楽です。でも、リスクを伴い、勇気を出して実体験として得たアイデンティティだから、私は『後天的ポリアモリー』でも、批判される謂れはないと感じているのかもしれません」

Ｋｉｓａｒａさんの場合——ポリアモリーと育児

Ｋｉｓａｒａさんは、テレビや漫画を禁止されて育った。そのため、「恋愛とはこうである」という社会学習をする機会が薄かったという。一方で読書家でもあった彼女は小学校の時、『源氏物語』を読む。

「この人もいいな、この人もいいな、みたいな本じゃないですか。皆いいな、この人のここが好き、とか。そういうのに共感したんです。でも、六条御息所が、嫉妬のあまり怨霊になるんですよね。それを見て、あー、嫉妬すると怨霊になるんだ、みたいに思って」

小学校の時から、「女の子を好きになったら駄目だ」とか、「異性を好きになるのが普通だ」といった規範をあまり意識せず、葛藤もなかったという。むしろ、さまざまな価値観に対して、理解に苦しむことの方が多かった。Ｋｉｓａｒａさんは私に、レジュメの次のような一文を見せてくれた。

・誰かと特別に親密になるためには、いま親密な人とその関係を解消しなければならない
・誰かと特別に親密になっているときは、他の人と親密になることを避けなければいけない
・誰かと交際している人と、性的に親しくなろうとするべきではない
・交際相手以外の人と親密な関係を持つことに、罪悪感を抱くべきだ
・同じ人を好きな人は、ライバルであり争う相手だ
・好きな人が誰か他の人と親しくするのを禁じたくなる

「相手を物として扱う感覚ですね。私はあなたの物とか、俺の物になれとか。所有し合うみ

たいな感覚も、ちょっと何かよくわからなくて。『私は私の物だけど』『そもそも私、物じゃないしな』とか。ははは。なんかそういう感覚が結構強かった気がします」

Ｋｉｓａｒａさんが初めて人と交際をしたのは、高校二年生の時だった。同じ塾に通っていた男の子だ。その交際などを通じて、「恋愛規範」に違和感を抱くこともしばしばあったという。

「彼氏のことがものすごく好きな男の子の友達がいて、その彼と私も仲がよかったんですね。だからその友達と二人でお茶とかしてたんですよ。そしたら、彼氏がすごく怒って。なんで怒られているのかわからない、みたいな。

彼から『自分の彼女には、友人の彼と二人で会って欲しくない』みたいなことを言われたけれども、何で特別に親密な関係にあるからといって、他の人と会ったら駄目なのかがよくわからない。一応、その友達と距離を置いてみるんだけど、でも納得いかない。私としたら、付き合うことで私の友達が減ったし、モヤモヤが溜まっていくみたいな感じでしたね」

その彼とは大学まで交際していたが、恋愛感覚の違いなどもあって別れることになった。その後は、誰かと「付き合う」というふうにしないように心がけるようになったという。

「相手に聞かれない限り、他に好きな人がいるかとかは話さない。仲良くする、頻繁に会う、セックスをする。そうすると、自分だけが好きなんだ、って思ってくれる。ある意味酷いことだと思うんですけど。私も実際好きだけれど、付き合ってるとか付き合ってないとか、そういう話はしない。そんなことをしばらくしてましたね。仲良くなる過程で、相手が自分を独占したい感じが出てきたりしたら、シャッて逃げてました。ひゃーっ！　出たな、独占欲！　って感じで」

そんなＫｉｓａｒａさんが結婚したのは、二十四歳の時。大学の研究会仲間と、「みながすなる結婚というものを、自分もしてみんとてするなり」と思い、「実験的な気持ち」で結婚したという。夫はモノガマスな人ではあったが、独占欲とか嫉妬を「かっこ悪い」と思っているという。

結婚するにあたり、Ｋｉｓａｒａさんは、関係があった人たちに別れを告げた。そして、セックスをする関係だったことも「旦那さん」に正直に告げると、怒られたという。自分なりに、モノ規範に合わせようとしたが、なかなかうまくいかない。そのことに葛藤を抱くようにもなった。

「自分が人格障害なんだろうかとか、発達障害なんだろうかとか、愛着に問題があるのかなとか、むっちゃいっぱい考えて。疲れてたんですよね。マジョリティらしく五年ぐらい頑張ったんですけど、なんかもう駄目だ、死ぬ、みたいになってきて。イライラしてくるし、なんとなく旦那さんのことも嫌になってくるし。私が私らしくないということで、誰も得してない、と思ったんですね。だから、我慢することを辞めようと思ったんです」

その頃から、会ってみたい人に会ってみたり、思ってることをｍｉｘｉ日記に書いたりと、自由に行動するように心がけていった。そんな時、「既婚バイセクシュアル」の人々が集まるオフ会に参加し、参加者に自分の恋愛観を伝えると、一人の人が「これに近くない？」と、デボラ・アナポールの『ポリアモリー　恋愛革命』を貸してくれたという。

「すごく嬉しかったですよね。もうすでに複数恋愛をこんなふうにやっている人がいるんだ、似たことを考えてる人がいたんだ、みたいな。特にそれが、公の形であったたっていうことはすごく嬉しかったですね。パブリッシュ（出版）してくれているという。何か用語があるとか、遠い世界でそういう人がいるとかじゃなくて、本に出るくらいの概念なのかと安心しましたね。ちょっと権威主義的なのかもしれないけど」

読書体験を通じて、Kisaraさんは思考の整理が進み、自分のことをすごく肯定的に見ることができるようになったという。また、モノ規範についての理解も進み、モノガマスな人々の「仕組」も分かるようになっていった。

三十五歳の時、「もっとオフィシャルなポリアモリーになりたい」と感じた。出産をしたことも、理由の一つだった。

「子育てにも手がかかるし。隠してごまかして行動する、時間を作るというのは、もう無理だと思ったんです。最初旦那さんは、『黙ってやっていればいいのでは？　どうして墓場まで黙って持って行ってくれなかったんだ』って、怒ってました。その上で、『大切に思ってる女の子はいるんだけど』ということを言ったら、『女の子だったらわからんでもない。けど、他の男とセックスするのは絶対いや。想像もしたくない』と。あ、なるほど女の子だったらいいんだ、と」

その相手が、ＭＩＴＳＵさんだった。だったら大丈夫なのではないか、とＫｉｓａｒａさんは前向きに考えた。

「ＭＩＴＳＵさんの存在は旦那さんも、カムアウトする前から知ってたんです。ＭＩＴＳＵさんが東北で被災をしたので、『困ってるからちょっと相談に乗ってあげたい』とか言っていたので。『あの子が大阪に引っ越して来るんだって』とも伝えていました。まずは三つぐらい離れた駅のところに引っ越してきて、一緒に遊びに行ったりする頻度が多くなって。それで近くに引っ越してきて、旦那がいる家に来るようになってみたいな。だから、ＭＩＴＳＵさんが特別な人なんだとは、カムアウトと同時に伝えました」

Ｋｉｓａｒａさんによれば「旦那さん」は、実用的なものを重んじるタイプの人なので、実害がないものは受け入れるのだという。

「今は、うちの家庭の夫婦と子供と、彼女と彼女のパートナーの五人で遊んだり、五人でご飯食べたりとかするぐらいには、仲がいいという感じですね。旦那さんも、彼女に馴染んできてるし。彼女に構っている時の彼女のパートナーも、すごく可愛いなあと思っていたりします。子供も彼女にすごいなついてますね。

私も子供には、『好きな人は、いっぱいいていいんだよ』『家族は、増えてもいいんだよ』とか言ってますね。あとは、『ＭＩＴＳＵさんのところに子供が産まれたら、一緒にお世話しに行こうね』って言ってます。旦那さんも子供が好きなので、家に連れてきたら一緒に遊ぶと思います」

ｍｉｘｉは、若い頃のＫｉｓａｒａさんにとって、重要なプラットフォームだった。

「当時、『ポリアモリー』とか『浮気を怒らない党』というコミュがあったんです。ははは。

そのあたりが、関西のポリーコミュニティの始まりだと思います。シロさんとかとも、そこで出会って」

2ちゃんねるや新宿二丁目などでなく、どうしてｍｉｘｉが、ポリーコミュニティの重要地点になったのか。

「まず、日記が書けたからですかね。細かく自分のことを説明したり、なんかこんな人だよって言えたりする。2ちゃんねるではそれはできないですよね。あと、二丁目とかは、楽しむために行ったりすることが多いので。意外とああいうところで深い話はしなかったり。ＬＧＢＴのコミュニティも、場所によってはモノ規範が強いとも感じます。ポリアモラスな発言ができる場所自体は本当に限られていたと思いますね。その点ｍｉｘｉだと、自分たちでコミュも作れるので」

そんなＫｉｓａｒａさんは、ポリーラウンジだけでなく、ポリバケツというイベントを主催した。

「いろんな人が誰でもきていいよって意味で、ポリバケツという名前にしたんです。変態と言われようが、人間のクズだって言われようが、一緒のところで仲よく喋ろうよって。ここは、モノ規範がない場所だから、おいでって。そういうスペースがあんまりないので、自分もそういう場所で楽しみたいなって思ったんですね。サークル活動みたいな感じです。バケツには、何でも入る。ポリアモラスのポリーとかけて、ポリバケツ」

ポリーにも、いろんなタイプの人がいる。中には、「ポリアモリーはこうあるべき」と強調する人もいれば、モノ規範と葛藤し続けている人もいる。

「ゲイとかレズビアンとかの権利運動も一緒だと思うんですけど、『正しいレズビアン』とか、『リアルゲイ』とか、そういうのを経由する時期があるんですよね。浮気とポリアモリーは違うとか、不倫とポリアモリーは違うとか。違うは違うんですけど、私は、広い意味でのノンモノガミーな人たちを、ポリアモリーって言葉を使って排除していくのはちょっと間違っていると思います。分断を招くし、コミュニティを閉じてしまう。

浮気・不倫とか言われている人の中に、ポリアモリーを知ればそうしたいって思う人もいるんです。その人たちにも、垣根を低く、コミュニティを開いていたい。『正しいポリアモリーしか許せない』みたいのには乗りたくないなと思うし、ポリアモリーっていう言葉を使ってる以上、それに乗っけられてしまうのであれば、私は別にポリーだと名乗らなくてもいいなと思う。

でもそのタグがあるからこそ、こうやって取材を受けることとかもできるので。それぐらいのものとして使っていこうかなと思ってますけどね。だから「的」ってつけてるんです。つまり、『ポリアモリー的な暮らし』。

ポリアモリーが知られてきたからこそ、若い世代の人たちに「ポリ規範」が強くあるようにも感じます。前にレインボーパレードで、既婚者でポリーな人が、若い子と話していたら、『結婚してるのにポリアモリーなんですか』って言われたとか。はは。ちょっとした分断というか、感覚の違いみたいなのが起きてると思いますね」

ゼロサム思考とモノガミー

MITSUさんとKisaraさんは、モノ規範に違和感を抱きつつ、自身の関係指向を丁寧に言葉にしてきた。

Kisaraさんが、mixiという閉鎖性の確保されたSNSで、自身の考えを丹念につづる。その言葉にMITSUさんが惹かれ、自分の関係指向を理解する。そして、説明のためにパートナーに提示をする。こうしたエピソードは、ポリーやポリアモリーといった言葉が、自己理解のために緩やかに拡散され、実践されていくことも明らかにしてくれる。

二人はそれぞれ、モノガミーに適応しようとしていた時期があった。しかし、モノガミーな関係が要求する排他性や独占性について、理解と適応が難しいと痛感する。だからこそ、モノ規範との葛藤に陥っていた頃と比べても、拡張的な家族様式＝ポリファミリーを模索している現在の方に、満足していると語る。

二人は揃って、恋愛をゼロサムとして捉える考え方に対して、違和感を抱いていた。MITSUさんが「モノ神様」と呼び、Kisaraさんが「出たな、独占欲！」と身構えるように、ポリーの中には、ゼロサム的なモノ規範への違和感がきっかけで、関係指向を見つめ直すという人が少なくない。

実際、より強くゼロサム思考を持つ人は、そうでない人と比べて、ポリーに対して否定的な偏見を持つ傾向があるという研究がある。ゼロサムとは、「得失の総和がゼロになる」ことを意味する言葉だ。例えば対となる二人のうち、片方が千円を得るのであれば、もう片方は千円を失うといったように、片方が得をする分だけ、もう片方が損をするような状態を指し示すことが多い。
恋愛をゼロサムとして捉える信念（モノ規範）と、恋愛をこそ重視すべきという考え（恋愛中心主義）とが結びついた場合、人はパートナーとの恋愛に多くを捧げる必要があると考える。恋人が他の何かに関心を向けることは、その分だけ自分の「取り分」である愛情、関心、時間が目減りするという感覚を得ることになる。典型的には、「あの人と私、どちらが大事なのか」「仕事と私、どちらを選ぶのか」といった懐疑をぶつけるようになるという具合に。

ゼロサム思考が強い人ほど、ポリアモリーを否定する傾向があるという研究は、ゼロサム思考が弱い人ほどポリアモリーを肯定する傾向があるということも意味する。つまりポリーを受容するか否かは、恋愛や人間関係を、資源不足にもなりえる有限なものとみなすのか、それとも他人とシェアしたとしても揺るぎにくいものだと捉えるのか、恋愛のみならず、物の見方が大きく関係しているといえる。

ポリアモリーについて書かれた論文のうち、最も多い引用回数を持つレビュー論文を見てみよう。このベーカーらによる論文は、過去のポリアモリー研究を総覧したものであるが、はじめに「モノ規範性とトラブル」と題し、「一夫一妻制」の持つ「the one ＝唯一の人、運命の人」という考えが、むしろ個別の関係を「使い捨て」にしてしまうという議論を紹介している。

確かに、「元カレと会うのはＮＧ」とか「別れるなら一生会わない、恋人から友人には戻れない」といった考え方を持つ人は多く、離婚やパートナー解消によって関係性がゼロになることは珍しいことではないだろう。他方でポリーたちへのインタビューの中では、「これまでの全ての恋人と一緒に暮らしたい」といったような言葉がしばしば用いられていた。これは、「関係性の使い捨て」に異を唱えるような表明でもある。

エリザベス・ブレイクは、『最小の結婚』の中で、恋愛規範や結婚制度は、人々の友情（とりわけ女性の友情）を「切り崩す」機能があると指摘している。パートナーがいる人を、プライベートな遊びや旅行などに誘うことは控えるべきであるといった感覚は、日本でも多くの人が共有しているだろう。恋愛や結婚こそが優先されるべきだという考え方は、その恋愛や結婚を行う以前から築き上げていた友情を目減りさせ、恋愛・結婚後に別の関係性を築けたかもしれないという可能性に蓋をする。ゼロサム的な恋愛感は、友情などの関わり合いにも、影響を与えるようだ。

「使い捨て」「切り崩し」との距離感

初期のポリアモリー研究は、「一夫一妻制は本質的に家父長制向きであり、感情的・経済的な男性依存を維持することに寄与し、女性からコミュニティを剝奪する」といった議論を好んで用いていた。

そして、大きなデメリットを持つ一夫一妻制と比べて、ノンモノガミーは、「所有権や暴力の代替となる、解放的で、協力的で、エンパワーできるもの」と語られていた。

初期の研究には、ポリアモリーについての楽観的なバイアスを強く含むものが少なくない。

それでも多くの研究が、「ゼロサム」や「運命の一人」といった考え方ではない、多様な関係性が存在しうることを指摘してきたことは重要だろう。

MITSUさんもKisaraさんも、別のパートナーに対してポリアモラスな関係の提案を行い、モノ傾向であるパートナーに受け入れられている。その際には、自分の感覚がゼロサム的なものではなく、他の人を好きだからといって、あなたへの愛情や配慮が減るわけではないということを、丹念に伝えている。


一方で二人とも、「ポリ規範」のようなものが作られることについても、違和感を表明している。ポリアモリーについての指南書などでも、事前に全員の合意を得ることをはじめとして、ルールを作ること、相手への情報開示を徹底することなど、「ポリアモリーのあるべき形」がしばしば語られる。

「ポリ規範」は、相手を傷つけないことを考えて語られることもあれば、「社会的な通りの良さ」、つまりポリー以外の第三者や社会に納得してもらいやすいといった理由で賛同されることもある。ただ、「嫉妬は克服すべきもの」「自分が複数の人を好きになるなら相手にもそれを認めなくてはならない」「複数交際を経験していないならポリーとは言えない」といったポリ規範は、時として分断や自己否定を生むこともある。

ポリアモリーが「所有しない愛」であるといっても、相手との生活やデートを望む場合、相手の時間や関心が自分に向けられることを望むものでもあり、それが叶わない時には不安や寂しさを覚えることもある。そうした時、「嫉妬は克服すべきもの」という抑圧が加われば、セルフケアや相談などを控えてしまうかもしれない。

そのため、ポリランなどのコミュニティでは、「あるべきポリーの形」の押し付けを避けるようにしている。「他者を否定しない」というルールは、「ポリーはこうした方がいいとは言われがちだけど、人によって違うよね」といった相互確認のためにも重要だ。

ポリアモリーの実践を模索する場では、言葉による対話が尊重される。そこでは単に、ゼロサム思考や嫉妬を嫌悪するのではなく、それらとどのように折り合いをつけるのか、その都度の「折り合いの付け方」が模索されるのだ。

第7章
複数愛者と単数愛者の恋愛

受け入れるか、別れるか

人気ミュージカル『RENT』。一九九〇年前後のニューヨークを舞台に、貧困、ドラッグ、HIV、そして家賃（rent）によって振り回されつつ、身を寄せ合いながら生きる若者たちの姿を描いた作品だ。名曲「Seasons of Love」は、多くの人が耳にしたことがあるだろう。

この作品の中では、アーティストのモーリーンと、弁護士のジョアンヌという、二人の女性の結婚式が描かれている。モーリーンはバイセクシュアルで、ジョアンヌはレズビアン。モーリーンは、自分の結婚式でも別の女性に声を掛けるような「恋多き」人物で、ジョアンヌは「規律と余裕」を愛する人物だ。この二人の結婚式の場面で歌われたのが、「Take Me Or Leave Me」という曲だった。意味は、「受け入れるか、それとも別れるか」。

モーリーンは、「色々な人と恋するのが楽しい。けれど毎晩あなたのベッドで隣に寝ているんだから、取り乱さないで欲しい」といった内容を歌う。それに対してジョアンヌは、「私は〈飛ぶ前に見る〉（石橋を叩いて渡る）タイプ。混乱は嫌だけれど、あなたが好き。ちゃんと考えれば、私に満足するはずだ」と歌い返す。そして互いに、「ありのままの私を受け入れて。それができないなら別れよう」と歌い合う。結局二人は、結婚式当日に、別れることになってしまうのだ。

モーリーンは一見すると、性や恋愛に奔放な人物のように見える。しかし同時に、ジョアンヌとのかけあいでも、相手のことを軽視しているわけではないこともわかる。ジョアンヌはモノガマスな関係を求めていたが、モーリーンはポリアモラスな関係指向を持つ自分を肯定している。

二人とも、相手のことを愛してはいるが、相手のために自分を抑えることはしない。あるいは、どれだけ愛し合っていても、「これを受け入れられないなら別れるしかない」という一線があり、それが二人にとっては、各々の関係指向であったのかもしれない。

ポリアモラスな人であれモノガマスな人であれ、同じ関係指向の人とのみ交際するとは限らない。時にはモノガマスな人とポリアモラスな人が恋愛することもあり、その際には、互いが求める関係様式が異なることにより、衝突と調整が生まれることにもなる。

ゆうきさんの場合――夫の無理解、そして離婚

「小学一年生の時、八人くらいの人を同時に好きになったのが原体験でした。小さい頃は、湘南付近やオーストラリアで過ごしていました。周囲にはエキセントリックな人が多くて、誰からも、それは変だよ、みたいに言われたことはなかったですね」

東京在住のゆうきさん、三十三歳。舞台や映像分野で俳優をしていて、強い意志を感じさ

せる女性。ゆうきさんにとっては、若い頃から、複数愛が自然な形だった。

成人してから好きになる相手は、既婚者やパートナーのいる相手が多かった。相手も複数愛的だと、居心地が良く思える。

「全部自分が頑張らなくていい人、が好きなんです。一番になりたいとか、独占したいという感覚がなくて」

楽しく話をしたい人、ディープな話をしたい人、セックスの相性がいい人。形に縛られず、それぞれに最適な役割を求めたいと、ゆうきさんは考える。

「〈遊び〉と〈真剣〉で分けたりはしないですね。ディープな話ができても、楽しい話ができても、体の相性が良くない人もいるし。その人ごとの〈好き〉に合わせて、形が変わるだけ。だからポリーと言うよりも、スウィンガーかもしれない」

ただ、「女の幸せは結婚することだ」という家族のもとで育ったこともあって、結婚しなくてはという思いが強かった。そこで二十六歳の時、婚活を通じて、「いい父親になりそうな人」と出会い、結婚。

「結婚は全部、親を黙らせるため。まずは形を作っちゃおうと。でも、さすがに自分はやっぱりおかしいのではないか、ふしだらなのではないかと悩んでいました。世間一般での、『理想のカップル像』がこびりついているんですよね」

結婚後も、ゆうきさんは他の人と交際し続ける。そのことを知ったパートナーは、とても怒った。

「ポリアモリーの話を意識的にしたりするんですが、聞きたくないって感じで。話し合いをしたかったけれど、諦めていました」

　夫との間には、四歳の子供がいた。子供がいることもあって、話し合いの時間もなかなか取れず、すれ違う日々が続いた。

「パートナーは、人間としては好き。だけれど、性的な感情はないんですよね。暴力も振るわない真面目な人なので、家族としては今の形態を維持して、相互に他の人との恋愛を容認するのが理想。でも、『他の人と恋愛するのは嫌?』と聞いたら、『けじめとして離婚するしかないよ』という感じでした」

　自分はどうするべきなのか。葛藤の最中にあったゆうきさんは、ポリアモリーという言葉に出会う。ネットでさまざまな言葉を検索していた時に、たまたま見つけた。

「日本語で検索しても、『浮気・不倫』じゃない性愛の形が出てこなかったんです。英語で検索した時に、ポリアモラスという言葉を知って。その言葉で探っていたら、Ｆａｃｅｂｏｏｋで配信している『レッドテーブルトーク』というウェブ番組に辿り着いて。ウィル・スミスのパートナーであるジェイダ・ピンケット・スミスと、ジェイダの母親、ジェイダの娘がトークする番組なんですが、そこでポリアモリーを紹介していたんです」

　番組内では、ポリーをポジティブに受け入れている三人カップルが紹介されていた。ゆうきさんはそれをみて、羨ましいなと感じた。出演している人は、誰もが落ち着き、健康的に見えた。

　ただ、複数愛には、夫が耐えられない。ゆうきさんとしては、育児パートナーとして今後も生活をしたいと考えていたが、夫は単数婚やロマンティック・ラブから外れた関係は許容できないという。結婚を継続するか、どうしようか。ゆうきさんは悩む。

「生活重視で結婚したため、セックスの相性に重点を置いてなかったんですが、嫌いになったわけではないんです。『どうしてあなたは他の人を好きになるの』『どういう感情なのか』みたいなことは聞いてくれなくて、むしろ規範と自分のことしか話さないので、人として尊重されていないような気がして」

ゆうきさんは、離婚を決意し、実行する。今後について、明るい口調で希望を語っていた。

「これまでは、自分はスウィンガーだったと思います。今後は、自分が複数愛者であると伝えて交際することが目標ですね。それを伝えてもお付き合いしてくれる人と関わりたい。結婚というものに覚悟をあまり決めないでいたいから」

それまではずっと、友人などからも、「ゆうきはしょうがないよね」「あなたはそういう人だからね」と言われ続けてきた。一対一が自明であるという反応に、消耗してきた。

「選択的夫婦別姓もそうだけれど、選べるのがいいと思う。一対一か、それ以外かという。マサチューセッツのある都市では（複数パートナーを認める）条例ができたけれど、日本ではまだ時間がかかると思う。パリテ（男女対等政策）も含めて、ムーブメントが大きくなればいいと思う。子供にも、この世にはいろんな人がいると伝えたいと思ってますね。男の子のことが好きな男の子もいるし、多くの人を好きになる人もいるって」

単数愛者と複数愛者はどう付き合うのか

ゆうきさんが結婚していたパートナーは、ゆうきさんとモノガマスな関係を築くことを望んでいた。しかしポリアモラスな感性を持つゆうきさんは、その要求に応えられないとして離婚。その後、改めて、自身の関係指向と向き合うようになった。

ポリーが、交際してから自身の関係指向を自覚し、カミングアウトすること。ポリーであることの説明を受けたモノガミストが、オープンな関係に了承した上で交際するものの、嫉妬や不満が高まって許容できなくなること。こうしたシチュエーションは実に多い。

どの人生であれ、どの恋愛であれ、人との関係が「計画通り」に進むことは難しい。土日にデートを重ねてきた相手が転職して平日休みになり、日程が合わなくなってデート時間が減ること。恋人が海外で勤務することになったため、交際を継続するか否かを話し合うこと。交際当初には想定していなかったような出来事は、誰にでも起こりうる。モノガミスト同士でも、ポリー同士でも、そしてモノガミストとポリーとの恋愛であるモノ‐ポリ関係でも。

ウェブメディア「ポリアモリートゥデイ」には、「モノ‐ポリ関係の探求」と題した記事が掲載されている。そこでは「モノ‐ポリ関係」について、次のような整理がなされている。

〈モノ‐ポリ関係になる理由〉

・結果として関係指向が異なっていた：偶然始まった関係で、最初は知らなかった。
・性的欲求の不一致：パートナーの一方がアセクシュアルである場合などに、もう一方のパートナーがポリアモリーであることで、性的関係に対するプレッシャーが取り除かれる場合があった。
・遠距離恋愛：どちらかが遠距離恋愛に耐えられなかった場合。

・時間とエネルギーの制限：パートナーが仕事のために時間を割けなかったり、エネルギー水準が異なっており、片方が我慢することが息苦しく他にパートナーを作った。

〈モノ－ポリ関係の課題〉

・タイムマネジメント：モノの人は、できるだけ多くの時間を自分との関係にこそ割いてほしいと期待しているが、ポリーにとっては困難である。

・文化的規範の克服：ポリーにとっては、ポリアモリーでいることがすでに現状の文化的規範に対する挑戦であるが、モノのパートナーを持つことはさらなる挑戦になる。

・頭VS.心：頭ではポリアモリーを理解し、ポリアモリーを素晴らしいものだと考えていたようではあるが、モノの人が本当に望んでいたのは、自分だけと一緒にいるパートナーだった。

〈モノ－ポリ関係がうまくいくためには〉

・境界線と期待：何が大丈夫で何が大丈夫でないのか、境界線と期待について話し合っておくこと。関係は流動的なものであり変化するので、定期的に話し合うことも重要である。

・明確なコミュニケーション：ポリーであってもモノであっても、パートナー候補の人には、自分がどのような関係性を快適と感じるのか、初めから率直に話しておくこと。ポリーなら独占的な関係になることに抵抗があることを打ち明ける。すべてのポリーが同じではないので、階層的関係やメタモアとの関係の好みについても話し合っておく。

・深く掘り下げる：モノ‐ポリ関係がうまくいくのは、モノの人がポリーのパートナーを持つことで満たされている場合である。関係性がニーズを満たすことができるのか、あるいはできないのか深く掘り下げることを恐れてはいけない。

〈モノ‐ポリ関係がうまくいかないとき〉

・ポリーの時間制限：半年ほど付き合っているパートナーから「一年後には、あなたとモノガミー関係になりたい」と言われた。これはその人にはできないことであったため、関係は終わりになった。もしモノのパートナーが「今はオープンで大丈夫」といったコメントをした時は、将来の期待について探る時である。

・味見（taste-testers）：よくあることで、モノの人が、ポリーの人とためしに付き合ってみようと考える場合である。ポリーのことについて何の知識もない場合も多い。ニーズを満たせば「ポリーをやめてくれる」などと考えていることもあり、それが会話の端々に現れる。ポリーの側が新しいパートナーと付き合い出すと、突然怒ったりする。

・正直さの欠如：浮気から始まってそれをオープンにするという順番になる場合など。

モノ‐ポリ関係は、しばしば独自の葛藤を生む。恋愛記事の多くがそうであるように、この記事や分類もまた、多くのポリーにとっての「あるある」を刺激するものになっている。当然、恋愛の悩みは、モノ‐ポリ関係にだけ生じるものではない。相手がモノガミストであろうがポリーであろうが、「交際して初めて相手が暴力的であることに気づいた」「年齢を誤魔化されていた」「デートをしてから宗教観の不一致を知った」といった不測の事態が生じることもある。衝突が起きた時にカップルは、問題解決を目指したり、どちらかがより多く耐え忍んだり、あるいは別れることを選択することになる。

そしてもちろん、ポリー同士であったとしても、さまざまな衝突と調整が必要な事態が発生する。

はるちんさんの場合――ポリアモリーカップルの調整

東京都在住のはるちんさん、二十八歳。法曹関係の勉強をしている学生だ。自分の性については、「同性との交際経験はあるが、ほぼ異性愛者」と認識している。

十八歳の時、初めて恋をした。大学のサークルの先輩を好きになり、交際がスタート。だが、同時期に、別の友人からもアプローチを受け、関係を持つようになる。その状態が続くことには、罪悪感と、劣等感があった。

「当時、メンヘラという言葉が流行していて。自分は、異性からの関心で、自己肯定感を満たそうとしているのではないかと悩みました」

そんな状態を知った知人・友人から、しばしばからかわれることも。「ビッチ」呼ばわりされたり、「あの子はいける」「軽い」「思わせぶり」といった陰口をたたかれたり。男性が多い軽音サークルの中で、女性の性的自由をネガティブに扱う空気に対し、違和感を抱いていた。

サークルの先輩とは二年ほど交際したものの、破局。その間も、複数の相手と関係を持つ。

アメリカ留学時には現地のパートナーを作り、日本国内にいるときも、マッチングアプリを活用。色々な人の家に行くのが楽しかった。

大学院に進学してしばらく経った、二十四、五歳のとき。たまたまウィキペディアで、ポリアモリーについての記述を見つけた。こんな言葉があるのかと思い、関連の資料を探し、深海菊絵『ポリアモリー　複数の愛を生きる』を購入。

「それまではひとまず恋愛のかたちを、〈物権主義的な恋愛〉と〈債権主義的な恋愛〉と呼んでいました。〈物権〉は所有する排他的な権利ですが、〈債権〉は複数の人で交わされる契約を前提とします。交際をどのように位置付けるのか、表すための言葉が欲しかったんですよね」

はるちんさんは、「セフレ」という言葉が好きではなかった。この言葉は、しばしば侮蔑的に使われるうえに、他者との関係を一面的に切り取りすぎる。

「自分がセックスをする時は、相手に好意もあったし。行為をする相手としてだけでなく、人間として扱いたいという気持ちがあるので。だから、ポリアモリーの『相手との合意』の説明の部分をみて、やっぱり理想はそこだなと思いました」

「ポリアモリー」という言葉に触れたのち、当時付き合っていたモノガマスなパートナーに、自身の関係指向を伝えた。彼は、「言ってくれてありがとう」と、声を絞り出すように答えたが、その後、音信不通となった。

「リベラルで寛容であることを自負していた人だったので、すごい葛藤があったんだと思います。ポリアモリーのことを伝えると、人を遠ざけてしまうのかな、難しいんだなと思い、相当落ち込みました」

ポリアモリーについて、他の人はどう考えているのか。そのことを知りたくなり、Ｔｗｉｔｔｅｒなどで検索するようになった。残念なことに、ネット上では、複数愛に対するネガティブな反応で溢れていた。

「言葉を隠れ蓑にして悪いことをしているとか。カタカナ語を使ってまともになれない自分を言い訳してるだけだとか。しばらくは、否定的な書き込みを読み続けて、頭の中でどう反論するかを考えていました。法律の勉強と同じで、スパルタ式に、頭のなかで弁論展開をしていました」

その後、知人からポリーであると告げられた上で、好意を伝えられた。交際を始めてからは、ポリアモリーのことについて、たびたび話し合いを行っている。好意を持つ相手と、関係指向に共感できることに、嬉しさを感じていた。

ただ、辛いこともある。ポリーである彼には、はるちんさんとは別の、モノガマスな恋人がいる。彼は彼女と、「メタモア＝はるちんさんの存在」を匂わせないという約束を交わしている。そのため結果として、はるちんさんが「譲る」場面が多いという。

ポリアモリーだからといって、ある人に会えない寂しさが、別の人に会うことで軽減されるわけではない。メタモアにデート日などを「譲る」ことが続くことによって、不満や葛藤も蓄積されていく。そうしたネガティブな感情は、他の人とデートしたところで、代わりに発散できるわけではない。

「他の人と会うことで埋め合わせられる部分もあるけれど、代わりになるわけじゃないですよね。子供が二人いて、そのうち一人と会えないけれど、もう一人と会えるからいいでしょと言われるようなもの。あるいは、恋人とデートできなくて、友人とお茶に行くことはあっても、代わりにはならないのと同じ。何かの穴を埋めるために恋愛しているわけではなく、相手が好きだから関わっているので」

それでもはるちんさんは、ポリアモリーという言葉と出会った頃から、より丁寧に恋愛について考えることが増えたという。

「以前、恋愛をしていた人の中で、モラハラをする人がいて。Ｔｗｉｔｔｅｒで書いたことについていちいち指摘してくるとか、看病に行けなかったことを拗ねたりとか、酔っ払って帰ってきたらベッドに入れてくれなかったりとか。私のことを、所有物とか、コントロールできると思っている人でした。

でもその人は、『絶対に浮気しない』っていう人で。でも私にとっては、『浮気』よりもっと嫌なことがたくさんある。だから、自分と相手にとって何が嫌なのかを話し合い、その中で複数愛に合意できるなら、その選択を尊重すればいいと思うんです。

すでに付き合っている人であっても、複数愛だと分かった時点で、契約更新の見直しも、契約変更もありうると思います。逆に、複数愛であることを分かって付き合ったけれど、『相手と別れて欲しい』『デートの情報は知らせないで欲しい』と言われることもありますよね。その時には、『ということは、私たちの契約関係を変えるということでいいか』と確認します。

大事なのは『手間ひまかけること』だと思います。よりよい契約になるよう、相手と話し合いながらカスタマイズしていく。大変のように思われるかもしれないけれど、むしろ『ひとつのパッケージじゃないといけない』という考え方の方が、窮屈になっていってしまうと思うんですよね。

社会契約の観点からは、確かに柔軟なパートナーシップ制度はあった方がいいと思います。一方で、そもそも現在の結婚制度には多くの問題があるのに、それが放置されているので、イエ制度の焼き直しになる危険性もあります。

内縁関係については、それ相応に判例も残っている。パートナーと、その子供たちをどう保護するか。かつては経済的自立が難しかった女性の保護が必要だったと思いますが、それが変化しつつある社会の中では、独立した個人が契約するというモデルに変わっていく必要があるとは思います」

周囲に、ポリーだとカミングアウトする機会も増えた。その受容は様々だ。ポリアモリーはおかしいもの。そうした立場からあれこれ言葉を投げかけてくる人も中にはいる。

その度にはるちんさんは、じっくり丁寧に説明するようにしている。そうすると相手が、自身の思い込みに気付き、自分の性愛について振り返るようにもなるという。他方で、ポリーであると伝えると、急に色めきだし、性的な話をしてくる男性も多い。

「ポリアモリーであることと、性的に奔放であることは別です。それに、性的奔放でも、相手に対する快・不快はあります。ポリーだと聞いて、急に性的なアプローチを持ちかけてくるような人は、不快でしかないですし、そうした人とは合意できないですよね」

ポリーが別れる時

はるちんさんには、ポリー（複数愛者）であることを開示し合っているパートナーがいる。そのパートナーには、はるちんさんとはまた別に、モノガミスト（単数婚主義者）の恋人がいる。

メタモア（パートナーのパートナー）自身はポリアモラスではないが、恋人がポリーであることに合意している。そのため形式的には、モノガマスなメタモアもまた、ポリアモリーという様式の一員ということになる。こうした当事者のことを、本書では「受動的ポリー」と呼んでいる。

はるちんさんのパートナーは、モノガミストであり受動的ポリーであるパートナーとの間に、「はるちんさんの存在を匂わせない」というルールを設けている。そのため、何かの必要が生じると、はるちんさんが急な日程変更などに応じなくてはいけないといった場面が続く。

ここでは、メタモアとの間に、拡張的なモノ－ポリ葛藤が存在している。一方が隠されなくてはならない状況では、「自分が行きたかった場所にメタモアと行かれた」といった状況などに加えて、長期旅行やお泊まりデート、さらには同居生活などが制限されることにもなりうる。そうしたデートが特に重視されていない間柄であれば、さほど問題にはならないかもしれない。しかしそうでない場合、単数愛的なメタモアによって「したいことを我慢させられる」ということにもなる。

自身や相手がポリーであっても、メタモアがモノガマスな人である場合には、「自分以外のパートナーと別れて」とメタモアが主張するリスクが潜在的にある。このような場合、嫉妬感情が薄いポリーであったとしても、「交換不安」に晒されるリスクがある。また、自分の存在だけが秘匿されたり、メタモアの方がデートなどで尊重されていることが分かった場合などは、羨望や嫉妬が刺激されることにもなるだろう。

いくらパートナーが「『二番手』みたいな扱いはしない」と言っていても、時と場合によっては、モノガミストがプライマリー（第一パートナー）、ポリーがセカンダリー（第二パートナー）のように位置付けられることも起こりうる（逆もまた然りではあるが）。こうしたシチュエーションにおいては、あらかじめルールを設けるだけでは解消不能な葛藤も発生することになる。

ポリーへのカウンセリングを重ねてきたキャシー・ラブリオラは、ポリアモリーの破局について、これまで数多くインタビューを重ねてきた。以下は、キャシーがポリーを対象にしたカウンセリング時に頻出した、「離別要因」として多かったものである。

1　性的問題（頻度、避妊をするかどうか、など）
2　金銭面での相性の悪さ（家庭、育児にどの程度お金を出すか、など）
3　家庭内の問題（同居することで生じる葛藤）
4　自律性や親密さをめぐる対立（会う頻度や愛情表現の仕方など）
5　薬物・アルコール依存症

6 治療されていない精神状態（うつ病やパニック障害など）

7 身体的暴力、言語的・感情的な虐待

キャシーによると、ポリアモリーの破局の理由の大半は、そもそもポリアモリーそのものと関係がなかった。複数愛者でも単数愛者でも、恋愛においては、初動の段階の興奮によって物事を見落としがちであり、結果として、自分と本来は相容れない人と恋に落ちるという不幸な過ちを犯してしまうのだという。

それでも、ポリアモリーであることが要因となって破局するケースも存在する。そうしたケースにあえて着目した場合はどうか。キャシーは次の四つの類型に分類している。

1 モノガミストの相手と恋に落ちた

実は相手がモノガミストである場合がある。多くのポリアモリーは一度はこの失敗をしている。相手が内心で「いずれオープンな関係をやめてくれるだろう」と期待する場合もある。

2 自分とは違うモデルの関係を望む相手を選んだ

ポリー同士であっても、階層的関係についての認識の不一致がある場合。

階層的関係には、「プライマリー／セカンダリーモデル」、「複数のプライマリーモデル（全員を尊重するコ・プライマリー）」、「複数のノン・プライマリーモデル（全員を特段の尊重対象としない)」といった大きく分けて三つのモデルがあり、それぞれ排他的である。これが一致していないと、一方が悲しい思いをすることになる(例えば、相手からセカンダリーの扱いを受けているが、実際にはプライマリーを望んでいる場合など)。

3　時間とエネルギーをマネジメントできない

それぞれのパートナーの、最低限の要求を安定して満たすのにも、多くのエネルギーが必要となる。また、仕事、家族、友人、睡眠など、自分自身の生活を円滑に保つためには、セルフケアも必要である。それらが確保できない状況では、関係性を持続することが難しくなる。

4　嫉妬

どれだけ注意深く、モノガミストではない相手を選んでも(1)、望む階層的関係が一致しても(2)、時間とエネルギーをマネジメントしても(3)、それでもなお嫉妬が生じることがある。

モノガミスト同士の恋愛では、そのパターンや克服法について、記事や物語などで頻繁に語られている。また、友人同士の語り合いでも、共感と慰めが向けられやすい。

他方でポリアモリーにまつわる失恋などを経験した際には、ポリーはモノ規範の友人から、「I told you so. =だから言ったでしょ」と非難されることがとても多い。

モノ規範の友人は、もともとポリアモリーがうまくいくはずがないと信じていることが多い。そしてポリアモリーの破局は当然の帰結であり、かつポリーの愚かさを確認するエピソードなのだとして、ポリーに説教する場合さえある。

ロールモデルが少なく、失恋や破局という繊細なテーマについても安心して語れるコミュニティが少ない状況では、ポリーは十分なケアを受けられにくい。その結果、「やっぱり自分がおかしいから、破局に至ったのだ」という自己嫌悪を強化してしまうことになりやすい。

カミングアウトの是非

はるちんさんはかつて、モノガマスな恋人にカミングアウトしたところ、相手と音信不通となってしまったという経験がある。

このように、交際相手にカミングアウトすることによって、関係が悪化してしまったり、破局に至るというケースもまた、決して少なくない。

では、交際前にカミングアウトしていれば、問題は生まれないのだろうか。確かに、「ポリーだと分かった上で交際した」という事実は、モノガミスト側の自己決定の問題にもなる。あるポリーたちのオフ会に参加していた時、一人の参加者が、「先に揉めるか、後に揉めるかだったら、断然、先に揉める派なんだよね」と自己定義しており、他の参加者たちからも共感の声が寄せられていた。

単数愛者であることを求められる社会で、ポリアモリーを実践することは、さまざまな葛藤を経験することでもある。だからこそ、「あらかじめ開示する」という仕方が、一つのる。

「危機回避」の手段として選ばれがちでもある。

そのうえでさらに、自分のデートの予定やセックス体験など、性愛に関わることを全てオープンに伝えようとする考えのポリーもいる。複数のパートナー間で生まれる不公平や嫉妬を最小化するためでもあり、自分自身の「後ろめたさ」をコントロールする手段にもなりうる。

心理療法士のブラッド・ブラントンは、本音などを正直に伝えあう実践のことを、「ラディカル・オネスティ（徹底した正直さ）」と表現した。パートナーに対し「オネスティ＝正直かつ誠実」な態度で接し、ラディカル（徹底的）に対話を重ねることで、強い信頼関係が築かれるというわけだ。

ただ、どこからどこまでが、「正直に伝えるべき範囲」なのかは、人によっても、文化によっても、大きく異なる。例えばデートの詳細を伝えることは、メタモアのプライバシーを開示することにもつながる。セックスの手順や食事のメニューに至るまで、「何もかも」伝えることを、相手側が望むかどうかも人それぞれだ。

また、カミングアウト時に反発が予想されるケースや、パートナーの機嫌や具合が悪い時にメタモアとのデートの詳細を伝えるべきかなど、「正直さ」に伴うリスクもさまざまにある。だからこそ多くのポリーは、実際には「戦略的な誠実さ（ストラテジック・オネスティ）」を選択していると考えた方がよいだろう。

どのタイミングで、自分の関係指向を打ち明けるか。どのタイミングで、メタモアやその候補の存在を伝えるか。恋がどの段階に達したなら、「正直に」既存のパートナーたちに伝えるべきなのか。こうしたさまざまなことを、あらかじめ事前に決めておくことは、なかなかに難しい。

そもそも全てのポリーが、恋愛前から自分の欲望について言語化できているわけではない。だからこそ、あらゆる試行錯誤を重ねながら、相手に新たな「打ち明け」を行うことにもなる。

また、全ての情報を、事前に開示することは不可能でもある。そうした中で、「ポリーだけは、モノガミスト以上に、事前に自己開示しなくてはならない」と位置付けるのであれば、それはリレーションシップ・マイノリティであるポリーを、不利な立場に追いやることにもなりかねない。

ポリー同士でも、例えば日常的なデートの中で、自分以外のパートナー＝メタモアの気配を感じながらも、その場などでは戦略的に無関心を装うこともある。

社会学者のゴッフマンは、市民が公的空間で、相互に快適に過ごすため、人をジロジロみたりヒソヒソ評価したりせず、礼儀として無視しあうような態度を「儀礼的無関心」（civil inattention ＝直訳すれば市民的無関心）と呼んだ。これは、平穏を保つために、公共の場での「暗黙」を、戦略として採用することでもある。

対して恋愛関係にある者同士は、プライベートな空間でも、「戦略的な無関心」を装うことがある。これはモノカップルでも同様だろう。「元恋人の影」を感じるようなエピソードがあったとしても、表立って嫉妬や攻撃はせず、あえて沈黙をしたりするように、恋愛においては、「戦略的な誠実さ」に加えて、「戦略的な無関心」もまた、重要な態度ということになる。

いずれにしても、「誠実さ」は時として、衝突の始まりにもなる。そのことは、ポリーにカミングアウトされたモノガミストの視点に立つことでも理解できるだろう。

はるちんさんの元パートナーがなぜ連絡を絶ったのかを確認することはできない。ただ、彼は彼で、自分の感情と規範との間で葛藤したのではないかと、はるちんさんは想像している。

ポリランやポリーたちのチャットルームにも、「恋人からポリアモラスな関係指向を伝えられて、受け止め方を考えるために相談にきた」というモノガミストが参加することがある。そうした参加者は、ポリーからの未知の提案に戸惑い、関係性の前提が変化したことにショックを受けている。

告白や提案を受けたモノガミストたちは、新たな持続的関係を作り上げるヒントに出会うことを期待し、ポリーコミュニティに参加している。その中で、他のポリーがどのように考え、モノ‐ポリ関係にある他のカップルやグループが、いかなる思考や工夫を行っているのかを参考にし、自分とパートナーとの関係性を言語化しようと試みる。

恋愛において、あらゆる衝突を事前に抑止することなどできない。また、衝突が起きた時の解決方法を、いくつかのチャートにして提案することができるほど、個別の恋愛はシンプルではない。恋愛や性愛にはそれぞれの一回性があり、他の人がうまくいく実践方法が、自分にもうまくいくとは限らない。

例えば、ポリーである相手に恋をしたモノガミストが、「いずれは自分だけを見てもらおう」という戦略的意図で、手始めに「相手への理解」を深めようとすることもある。あるいは、ポリーの方が優位な立場にあるという恋愛関係の場合、モノガミストの方が、ポリーのパートナーに「振り向いてもらう」「捨てられない」ためという消極的な理由で、しぶしぶポリアモラスな関係を「我慢する」ということもある。

だからこそポリーコミュニティでは、「正直さ」だけでなく、「公平さ」をめぐる話題があがることも多い。全てのパートナーに等しく時間を割くような形式的な平等ではなく、それぞれにルールや負担を押し付けない仕方で、それでも納得を得られるような関係にするためにはどうすればいいか。そのことを、多くの当事者が気にしている。

何が公平な関係なのか。この問いにも、あらかじめの答えはない。だからこそ、ポリアモリーグループに参加する当事者たちは、他のポリーたちのライフヒストリーやエピソードに耳を傾けることで、参照可能なエピソードやヒントを得ようとするのかもしれない。

第8章 ポリアモリーと家族

ワンダーウーマンと拡張家族

ＤＣコミックスの主要キャラクターの一人、ワンダーウーマン。女性だけの一族「アマゾン族」の王である彼女は、戦車を持ち上げ、弾丸を弾き返すスーパーパワーを持つ。武術にも長け、多くの武器を操ることができる。

『ワンダーウーマン』の作者、ウィリアム・モールトン・マーストンは、人々の性格特性について研究する心理学者であった。ＤＩＳＣ理論という独自の理論を作った他、ポリグラフ（嘘発見器）の原型となる発明も行っている。

ポリグラフは、「poly ＝複数」と「graph ＝記録する器具」とを合わせた言葉だ。呼吸や心拍など、複数の生理的反応を計測することで、使用相手の虚言を見破り、犯罪捜査などに活用するアイテムである。ポリグラフの研究には、妻のエリザベス・ホロウェイ・マーストンも関わっている。

ウィリアムとエリザベスが共同研究を行っている頃、オリーヴ・バーンという一人の女性が研究助手となった。三人は互いに親密な関係となり、共同生活を送り、それぞれの間に子供をもうける。ポリアモラスな関係のもとで築かれる家族のことを「ポリファミリー」と呼ぶが、ウィリアムらはまさに、ポリファミリーを形成していたというわけだ。

三人の生活については、映画『ワンダー・ウーマンとマーストン教授の秘密』の中でドラマチックにまとめられている。作中では、エリザベスとオリーヴとのレズビアン／バイセクシュアルな性関係からトライアド（三者恋愛）となり、ボンデージや緊縛などのBDSMに傾倒していく様子も描かれる。

また、三人の実践するポリアモリーが、ウィリアムらの職の不安定につながり、さらには近隣住人からの非難を浴びるなど、ポリーへの偏見や差別も正面から描いている。ただしこの映画では、三人婚の側面が強調されているため、実際には存在していた、マージョリー・ウィルクス・ハントリーというウィリアムの恋人の存在は省略されている。

エリザベスたちは、ウィリアムの「ワンダーウーマン」のアイデアに、いくつものインスピレーションを与えた。エリザベスは、主人公が女性であるべきだと伝え、オリーヴの身なりは、ダイアナ＝ワンダーウーマンのビジュアルの細部に影響を与えた。

作中では、ワンダーウーマンがしばしば、敵役である男性に鎖で繋がれ、スーパーパワーを奪われることとなる。しかしその鎖を断ち切ることで、本来の力を解放できるというシナリオを反復する。つまりウィリアムにとって『ワンダーウーマン』という作品は、男性支配からの自由を求める、女性の解放を象徴するものだった。

またウィリアムは、ポリグラフのような自白装置＝「真実の投げ縄」だけでなく、レズビアン・バイセクシュアル関係、ボンデージ、緊縛などの描写も盛り込んでいる。これらもまた、ウィリアム自身の経験してきた、当時は「性的倒錯」と攻撃されがちであった事柄であった。彼は意図的に、「新しい女性像」のロールモデルを描き、「心理学的プロパガンダ」を行ったのだと述べている。

ウィリアムたちは、同意に基づいた複数恋愛を行っていただけでなく、計四人の子供と共に、ポリファミリーを形成していた。一方で、オリーヴとの間の二人の子供たちには、ウィリアムが血縁上でも父親であることは隠し、「血縁上の父親は亡くなったのだ」という虚偽の説明がされていた。子供たちに、ウィリアムが血縁上の父親でもあると明かされたのは、彼の死後しばらくたってからのことであった。

彼らがポリファミリーを実践していたのは一九二〇年代。多くのスティグマと困難があったのだと、容易に想像できる。彼らの姿は、今となってはポリーにとってひとつのロールモデルと映るが、当時の社会にとっては、秩序を乱すヴィラン（敵役）であったのだ。

それから百年が経った現在。日本で暮らすポリーたちの中では、どのようなポリファミリーの実践や模索が行われているのだろうか。

うーしゃーさんの場合――「夫」と「彼氏」と子供と暮らす

関東在住のうーしゃーさん、二十七歳。「顔出しなし」での匿名性を条件に、Ｚｏｏｍでのインタビューに応じてくれた。

風俗店のスタッフとして働いている彼女は、現在、夫と彼氏と共に、二人の子供を育てている。

現在の夫と出会ったのは高校一年生の時。十八歳の時に結婚をし、間もなく出産。それ以降、他の恋人を作ったことがあるが、夫にも周囲にも隠し続けていた。

「昔から、好きな人が一人だけ、ということがあまりなかったんですよね。誰かと付き合っても、いつも他の誰かが気になっていて。窮屈で後ろめたくて、悪いことをしてる感覚がありました。葛藤、ずっとしていましたね」

結婚前に一度だけ、夫に「浮気」がバレたことがある。夫はその時、たいそう怒ったという。そうした経験もあって、「他の人との恋愛は話さないほうがいいものだ」という認識を持った。だが、結婚してから、夫に隠して付き合っていた男性との間に子供ができた。その相手は、妊娠中に音信不通となってしまう。

「旦那に、妊娠して、かつ恋人と連絡がつかないんだけどと伝えました。そしたら『あなたの子供なら、僕らで育てればいいじゃん』という感じで。結婚前の浮気は怒られたんだけど、今度は怒らなくて。結婚後は旦那は、大体なんでも『いいよ』っていってくれるんです。なんであんなに、懐が深いんだろうと不思議です」

二人目の子供を出産した後から、新たに職場で好きな人ができた。しばらくはまた、夫にも隠して交際していたが、ひょんなことから変化を迎える。

「三年前、ＹｏｕＴｕｂｅのおすすめ動画で、あるテレビ番組が表示されて。ポリアモリーについて取り上げられている番組で、奥さんが二人いる男性が出ていたんです。それでポリアモリーという言葉を知って、ネットで検索して。すごくすっきりしました。それまでは、

『なぜ自分は一人だけと居られないんだろう』と思っていたんですけど、そういう自分でもいいかなって」

　ポリアモリーという言葉を手にしたうーしゃーさんは、「あたしは、これだと思う」と、自分が閲覧した動画を彼氏にも見てもらった。「あなたとずっと一緒にいたいと思っている。それと、旦那にも会って欲しい」と伝えると、彼氏は「そうなんだね」と、否定せず聞いてくれた。また、夫にも「好きな人がいるから、仲良くしてくれないか」と告げる。すると夫もまた、すんなり「いいよ」と応じてくれた。ふたりがあっさり同意してくれたことが、驚きでもあり、喜びでもあった。

　それから数ヶ月後。うーしゃーさんは、夫と彼氏との顔合わせの機会を設けることになる。

「理解してもらって、みんなで一緒にいられたらな、と思ったんですよね。別々に会うとか、隠しているという感じが嫌だったので。みんなで仲良くなれたらいいなって」

　初対面の当日。彼氏とうーしゃーさんが家にいて、仕事が終わって帰ってくる夫を待つという格好だった。彼氏は「怒られるんじゃないか」と緊張していたが、うーしゃーさんも緊張していたという。

「うまくいくかが不安で。でも、旦那だけ、全く気にしていなかったんですよ」

　仕事から帰ってきた夫は、彼氏に会うなり、「あ、どうも〜」と軽い調子で挨拶をした。あまりに緊張感にかける様子だったが、うーしゃーさんは安堵したという。

「形式ばった挨拶は一切なくて。しかも、二人の趣味や性格が似ていて、割と早く仲良くなってました。そんな様子を見て、とてもほっとしました。ああ、よかったな、って」

顔合わせが行われて以降、全員で会うことが頻繁になっていった。週末は彼氏が泊まりにきて、うーしゃーさんたちの育児を手伝う。時には全員でお出かけしたり、実家に一緒に帰ったり。夫、彼氏、自分、そして子供が二人という、一つの家族になっていった。

「今は子供は小三と五歳なんですけど。上の子は人見知りだったので、慣れるのに時間がかかったけれど、下の子はすぐ甘えてましたね。しばらくたって、子供には、みんなで家族だよって伝えて。そのころには上の子は、『知ってるよー』という反応でした」

自分の好きな人には、家族とも堂々と会って欲しい。そう思ったうーしゃーさんは、両親に実態を伝えている。母親は当初、「普通はダメなことだから」「聞かなかったことにする」という反応ではあったが、それでも「旦那と変わらない感じで接してくれる」という。

他方で、頑固者だという父親には、彼氏はあくまで、仲の良い友人であると説明している。幸い、父も彼氏と打ち解けて、頻繁に将棋を指す仲になった。

密に暮らす家族となったが、性生活にも大きな支障はない。

「週末に彼氏が来るので、彼氏とする。そして彼氏がいない平日に、旦那とする、という感じです。彼氏とする時に旦那は家にいるけれど、旦那は会社の人とオンラインゲームをして過ごすことが多いので、その時はそれぞれの時間をって感じですね。彼氏は、最初は旦那のことを結構気にしてましたけれど、今は慣れています」

普段、ポリアモリーについて話す相手はいない。ただ、LINEのオープンチャットに入って、他の人とテキスト上でやりとりすることはある。

「他の人の事情を聞くと、自分は恵まれてるんだなって思います。周りに言えない人、恋人が理解してくれない人の書き込みをよく見るので。前に、自分の状況を伝えた人からは、『旦那は我慢してるだけ。我慢の限界がきたら終わりだから』って言われたんです。それは、そうだよなって思います。すごく心が広いので、そこに頼っているなと」

自分は恵まれている。とはいえ、育った環境が違う者同士が一緒に暮らすので、ぶつかる場面は当然ある。そういう時は、少しずつ言葉にし、みんなにとって暮らしやすい環境にしていくよう心がけている。

「彼氏は、食後すぐ食器を洗うタイプ。旦那は、少し溜まってから洗うタイプ。そういう違いみたいなのは色々ありますよね。でもそういうときは、なんにせよ話し合って。気になった時に彼氏が洗ったり、旦那もすぐ洗うように心がけたりって感じで対応していく。彼氏は繊細で、旦那はいろいろ気にしない人なので、自分が翻訳したりもして」

うーしゃーさんも、時には二人の仲を取り持ちつつ、それぞれがストレスなく過ごせるように工夫をしている。

来年から全員で暮らすため、家を建ててもいる。一緒に暮らした方が嬉しいし、何かと便利だと思うためだ。

「今アパートなんですけれど、子供も大きくなってきたし。だから『家建てたいね』という話をもともとしてたんです。そしたら、ちょうど彼氏が土地を持っていたので、みんなで相談して、じゃあそこに建てようってなって。部屋割りはわりとすんなり決まりました。旦那が一部屋、私は彼氏と同じ部屋になりそうですね」

一緒に暮らせるようになるのはとても楽しみだ。だが、今後についてはは不安もいくつかあるという。

「ひとつは、家の名義です。土地の所有者である彼氏は旦那さんよりも年上で、時間が経てば彼氏が先に亡くなるのかもしれない。そうなった時、家の名義とか相続とかどうなるのか。その辺り、不動産屋と相談しながら考えています。不動産屋も、関係を詮索したり否定しないでいてくれるので、それは楽です。

あと、彼氏との子供も欲しいので妊活しているんですが、何もしなければその子は、法的には旦那との子供になってしまうんですよね。だから面倒な手続きが必要で。こういうことを考えると、パートナーシップ制度みたいなのがあれば楽だなと思います。あとは、一人としか結婚ができない制度をなくして欲しい。

昔風の家族だけでなくて、今はそれぞれ家族の形はあると思うし。共働きで子育てするのも経済的に大変なので、大人が増えたらその分楽になると思うんです。二人で働くよりも、三人以上で人数制限なく、一緒に働く方が安心だと思うので。

あとは……彼氏の父親にも伝えなくちゃいけないな、とは思っているけれど。理解してもらえるか不安です。友人に話しても、一回では理解されない。どう伝えたらいいか、それを悩んでいる最中って感じです」

ローンや光熱費はみんなでシェア。口座を一つ作って、毎月同じ額をみんなで入れる。緩やかにルールを作りながら、共同生活を進めている。今は、他の恋人を作りたいとは思わない。

夫も彼氏も、モノガミストであるため、それぞれ、別の恋人を作りたいという思いはないようだ。ただ、もし恋人を作られたとしても、うーしゃーさんは否定するつもりはないという。

「その人にたくさんお金を使ったりして、この関係が壊れなければ、いいかなと思います。あと、その恋人と自分が仲良くなれたらいいなって思いますね」

この取材からしばらく経った頃。うーしゃーさんから連絡があった。

「あれから彼氏のお父さんにもカミングアウトしました！　別にそういう関係をやっちゃいけないって事はないいんだからって、意外とすんなり受け入れてくれて。周りに恵まれました」

うーしゃーさんは、本人が言うように、「恵まれている」のかもしれない。それでも、一歩一歩、合意を探りながら、ポリファミリーとしての生活を営んでいる様子が、とても生き生きと伝わってきた。

ういらさんの場合――「夫」を中心としたポリファミリー

奈良県在住の、ういらさん。三十三歳。短い髪で、服装はシンプル。

現在、三人目の子供を妊娠中だ。長女は前の夫との子供だが、下の二人は今のパートナーとの子供である。パートナーには、妻のほかに複数の恋人がおり、妻との間にも二人の子供がいる。

ういらさん自身は、「デミロマンティックかつバイセクシュアル」を自認している。複数の人を好きになるという感覚そのものは、中学生の時期から感じてはいたものの、今は現在のパートナーだけで充足しているという。

ういらさんが十七歳の時、同い年の男性との子供を妊娠。高校を卒業して間もなく出産した。

「彼と付き合う直前に、私は別の女性と付き合っていたんですよね。でも、『女である私と付き合うのは良くない』という思い込みが私のほうにあって、彼女と離れ、その男性と付き合った。その時は、ポリアモリーって感覚もなかったんですよね」

子供の父親とは出産後まもなく結婚したものの、五年ほどで離婚する。

「相手がパチンコが好きで、お金にルーズで。友人にはお金を貸すけど、家には入れないとかで、家計が大変で。それから、約束を守らないことも多かったんですよね。娘と一緒にプールに行く約束をしていたのに、そのまま先輩と風俗に行ったりとか。もう、いらない！ってなって」

それからは、恋人は作ったりしたものの結婚はせず、一人で子供を育ててきた。

三年前、今の「夫」と出会う。「夫」はその時すでに結婚しており、彼女もいて、子供もいた。

「最初は彼も、ポリアモリーという概念にまだ出会っていない状態だったんですよ」

結婚してはいるが、彼女がいる。なんと表現していいのかわからないが、自分はそういうもの。そのことを踏まえた上で、あなたに好意がある。男性からそう伝えられた時、ういらさんにも同居していた恋人がいた。それでもういらさんは、「夫」との交際を始めることにした。

当時の恋人とは、その後別れることとなった。関係を両立させるかどうかも考えたが、「両立させる必要がない」と判断した。

それから三年。今も「夫」との交際が続いている。「夫」との間には、一人子供が生まれ、今は二人目の子供を妊娠している。

一人目の子供が生まれる時に、「夫」とはあらためて、今後の継続的な関係に合意した。「それぞれに対して100％関わる。誰かに対して、愛情が減ることはない」。彼からはそのように言われたという。

もやもやしたことなどは、互いにその都度、必ず言語化してきた。人の支援に関わる仕事をしている者同士なので、心理面を言葉にすることに長けていると自負している。

「子供ができる前、彼からポリアモリーという言葉を聞いたんです。その頃に彼が、その言葉と出会ったみたいで、『自分はこれだと思う』って。それで、いっしょに調べてみて、『あ、そうだね』ってなったのが、一年半前くらいですかね。

概念があるんだったら、自分たちも別にいいじゃん、と思ったのと、元々、いろんな生き物が好きで、多夫多妻の生き物もいるので、人間のなかに一夫一妻じゃないのがいても、それは別にいいよね、なんてことを思いましたね」

その後、「夫」の配偶者にも、自分との関係が開示されることとなった。カミングアウトしたのではなく、メタモアである配偶者が気取ったのだという。

「子供ができた後、奥さんから『外に子供いるでしょ』って聞かれたらしくて。私は本当は、最初から奥さんにも伝えるということを前提に付き合っていたので、もっと早く言って欲しかったんですけどね。奥さんは、彼のすることは全部オッケーというか、細かなことを気にしないタイプで。最初に会う時も、こっちはすごく緊張していたけど、向こうは『こんにちは〜』と普通に対応していて。牽制も嫉妬もされなかったです」

それから、ういらさんと「奥さん」とは、週に一回くらいの頻度で会う仲になる。

「うちの一歳の子供を、向こうの四歳と二歳の子が可愛がってくれる。下の子や従兄弟ができたような感じかな。結果として、良好な関係になったんです」

一番、受け入れに時間がかかったのは、上の娘かもしれない。ういらさんの上の娘は十五歳。恋人ができた、その人との子供ができたと伝えたら、絶対に会いたくないと拒絶された。

「お兄ちゃんがよかった、私より年上の連れ子がいる人がよかった、とも言ってましたね。でも怒っててもしょうがないからって、緩やかなコミュニケーションをかさねているうちに、慣れたみたいで。最終的には『ママの好きにしたらいいじゃない』って」

ポリファミリーの実践が始まった時には違和感を表明していた娘も、それなりの距離をとりながら、生活を共にしているようだ。

「夫」には、他にも「彼女」がいる。最初は「彼女」の方が嫉妬など大変そうに感じたが、「どちらかが三番目というよりは、二番目同士という感じ」の意識が生まれ、仲良くなっていった。

メタモア同士の関係は、「家族か親戚みたいな感じ」だという。娘を寝かしつけてくれたり、お風呂に入れてくれたりと、助かることも多い。

「私は奥さんの子供に、教育的なことを言うのは躊躇するけれど、向こうは気にしないで色々なことを言ってくれる。距離の取り方は、性格によるんでしょうね」

「夫」の愛情についても、今は納得していられるようになった。

「私に卵巣嚢腫がわかって、大変な時に、一緒に居てくれたんですよね。『あ、この人は必要な時には側に居てくれる人なんだな』と腹落ちした感じです」

ただ、いくつか、制度的な壁を感じる場面があった。行政や病院に、ポリファミリーであることを説明する難しさだ。

「病院等でも、うちの場合は子供もいるから、『子供の父親です』といえば、面会などはできるんですよね。あと『夫』に何かがあっても、メタモアとは関係性がいいので、代表を選んだりして、世話を交代できる。でも、私が手術の同意書を書くことなどはできなかったりするので」

また、役所は、週に複数回会っている「夫」との関係を、「事実婚的状態」と判断。そのため、母子手当（児童扶養手当）の受け取り対象から外れることとなった。

「週に一回以上、父親と交流がある状態だと事実婚となり、支給の対象外になると言われました。手当てが欲しければ、シングルマザーは、誰とも付き合ってはいけないのかって、驚きましたね。子育て関連の窓口でも、『夫』が既婚者だとわかると、真面目な顔で『重婚は犯罪ですよ』と言われて。重婚って、役所が手続きを間違えないと起きないので、そもそもならないのに」

制度の空白には不満があるが、その状態で暮らすことに不安はない。いいか悪いかなどの議論は二の次だ。そこにある命と、自分の気持ちを、どうするか。それに合わせて、これから言葉と関係性を紡ぎ上げていこうと考えている。

家族形態のそれぞれ

うーしゃーさんは、「旦那」と「彼氏」、二人と共に生活している。家事、育児を分担しながら、生活費を共有。一部の親族にはカミングアウトも行い、ポリファミリーであることを受容されている。

ういらさんは、「夫」のセカンダリーパートナーであり、彼との間に二人の子供をもうけている。「夫」の「奥さん」との交流を続けている一方で、先夫との子である長女も、「夫」との交流に慣れつつある。婚姻制度の限界には疑問を抱きつつ、パートナーからの愛情には満足している。

では、そのようなポリファミリーにおいて、育児はどのように位置付けられるのか。

第6章のＫｉｓａｒａさんやうーしゃーさんが発言しているように、大人の手が増えることを喜ぶ人もいる。他方で、ういらさんが語っていたように、ポリファミリーの育児に対するスティグマから、周囲への開示に困難があるのも確かだろう。『ワンダーウーマン』の作者ウィリアムが、オリーヴとの間にもうけた子供に対し、自分が父親であると打ち明けなかったというエピソードは、その最たる例であるようにも思える。

ポリファミリーの研究は、現時点では限られている。これは、ポリファミリーがいかに不可視な存在であるかを反映している。では、限られた研究の中で、ポリファミリーと育児はどのように語られているのだろうか。

十三人のポリペアレント（三十五歳から五十歳までの女性九人と男性四人）が参加して、ディスカッションを行った研究がある。オーストラリアのジェンダー研究者、マリア・パロッタ・チアロリの論文によれば、ポリファミリーによって語られた主要なテーマは、次の四つに分けられる。

a 子供や学校などの外部システムへの情報開示の問題

ポリファミリーの中には、学校など地域コミュニティに対して、戦略的な非開示を選んでいるユニットがある。例えば「おばちゃん」「名付け親」「友達」など、既存の規範からはみ出ないラベルで呼びあう（演じ合う）ことによって、外部からの干渉から身を守ろうとする。また、法的・健康的・教育的サービスを受ける立場として、自分たちを守るため、多くのポリファミリーは、「モノガミー」を偽装する。そのことで、周囲の好奇の目を「パス」できるように暮らしている。

子供に対する説明はどうか。ポリーたちの当事者団体「ラヴィング・モア」の参加者を対象に二〇〇一年、二〇〇二年に行った調査に基づけば、保護者の約30％が、自分がポリアモラスであることについて子供に話したことがあった。ポリファミリーを開示した親のうち、約45%の親が、子供から肯定的で問題のない反応を得たと回答した。40%の親は、子供が家族構成についての議論に関心がないような、中立的な反応を得たと報告した。そして15%の親は、子供が自分の家族構成に悩んだり、社会的に否定的に受け取られる可能性について悩んだりと、否定的な反応を得たと報告した。

もちろん子供たちの反応は、時間とともに変化するものでもある。ういらさんの長女のように、当初は否定的に受け取っていたものの、一種の慣れを示すようになる場合もある。逆に、最初は反発なく受け入れていた子供が、成長の中で、あるいは他者との交流の中で、葛藤するということも起こりうる。

b　ポリファミリーの家庭環境と子供への影響

多くのポリファミリーは、家族関係について肯定的な評価をしている。特に、次のような五つの利点が強調される。

1　情緒的な親密さや誠実さ
2　金銭的なものなどの資源の多さ
3　子育ての分散による、個人的な時間の多さ
4　大人が多いことによる子供への配慮の多さ
5　ポジティブなロールモデルになる大人の多さ

c　ポリファミリーに優しい医療・福祉・法律サービスの必要性

先行研究に基づけば、カウンセリングやセラピーに参加したことのあるポリーの人々のうち、38%が医療サービス提供者にポリアモリーであることを明かしていない。また、ポリーであることを明かした人のうち、10%が否定的な反応を受けている。

さらに問題は、医療、福祉、法律サービスの提供者が、「ポリーの親や子供たちは、何かしらの問題を抱えている」と考えていることだ。一方で、ポリファミリーが実際に、どのようなサービスを求めているのかについて、実質的な調査は行われていない。

d　メディアや大衆文化におけるポリファミリー

ポリーの人を対象とした調査では、約98%が「テレビや本、映画などで、ポリアモラスな関係を生きる人々のポジティブなイメージを作ること」を支持している。また、「高校のカリキュラムで、ポリーについてのポジティブなイメージを作ることを支持しますか?」という質問に対して、約94%の回答者が支持すると答えた。

映画におけるポリアモリー表現のほとんどは、ポジティブな表現ではない。そもそも「ポリアモリー」という言葉の存在自体を認知していないのである。また多くの映画では、複数愛のジレンマは、死によって解決されている。映画やテレビで、時折ポリアモラスな子育ての表現が見られたとしても、そのほとんどが、死や荒廃、ダークなユーモアを用いたものである。

もし、モノガミーの人々に、「ポリファミリーやポリグループに何を聞きたいか」「何が悩みだと思うか」と尋ねると、「セックスの仕方」や「デートの配分」などが連想されるのではないだろうか。一方で、ポリーたちのディスカッションからわかるのは、社会コミュニティとの折り合いこそが大きなテーマとなる、ということだ。このように、ポリアモリーを「性的なもの」として見る社会と、「関係性をめぐる問い」と見る当事者との間には、大きい落差が存在している。

ポリファミリーへのヘルスケア

カナダの助産学研究者、サマンサ・ランドリーらの研究では、ポリー二十四人（十一人の経産婦と十三人のパートナー）へのインタビューを行っている。この研究では、先のマリア・パロッタ・チアロリの研究ともまた異なる、以下の四つのテーマが抽出された。

1　意図的な家族計画

性や生殖に関する問題について。例えば、妊娠出産にあたって、誰の子宮と精子を使うか。あるいは、妊娠との兼ねあいから、性的活動をどうマネジメントするか。また、性感染症の検査の実施をどうするかなど、さまざまな議論が行われる。

2　多ければ多いほど良い

多くのポリーは、妊娠と出産を取り巻くパートナーが増えると、よりサポートされていると感じる。ポリーの新たな家族計画は、個人への負担が少ない。すなわちポリーは、個人負担を軽減するポジティブなものとして捉えられる。

3　ポリアモリーを開示すること

医療従事者に開示するかどうか、ファミリーの中でも議論が分かれる。医療従事者に情報提供をしたとしても、良い反応が得られるとは限らない。

4　モノ規範で溢れた世界で生きること

親の名前を書くスペースが二つしかないなど、子供たちを取り巻く事情をどのように説明すれば良いのか悩む。

ポリファミリーの多くは、「ポリファミリーであること自体」で何かの困難が生まれるものではない。複数の大人が育児や生活に関わっていることで、家族内のリソースの多さに安心感さえ得ている。

一方で、単数愛を前提とする社会（モノソーシャル）との調整にこそ、多くの困難を抱えている。出産など医療を受けなくてはならない機会に、学校など子供の教育の機会に、給付など必要な福祉サービスを受ける機会に。ポリペアレンツたちは社会的プレッシャーを抱き、さまざまな場面で説明を求められることになる。

ポリペアレンツたちには、時には、奇異なまなざしを一身に受けることになる子供に対するケアも必要となる。これらは、「ポリファミリーであるがために生まれる問題」というよりは、「社会から偏見の目で見られることに対する防衛の必要性」といえる。

出産したポリー十一人のうち五人は、病院環境を避け家庭で出産するために、助産師のケアのみを受けることを選択していた。他方で、病院で産科ケアを受けたポリーは、物理的な障壁を指摘している。具体的には、三人以上が居られる部屋がないことや、立ち合いが一人しか許可されないことなどである。

また、病院では多くのスタッフが同時に対応するので、それぞれのスタッフにポリアモリーであることを伝える困難さが語られた。さらには病院の問題として、新生児の親を識別するためのブレスレットが二人分しかないことや、親の名前を記載する欄が二箇所しかないこと。同性のパートナーである場合や、出産した女性のメタモアである女性などの場合、スタッフに「もう一人の親」だと認識されにくいことなどが語られた。

ここではインタビューを総括し、ヘルスケアに関わるスタッフに対する提言がまとめられている。スタッフが偏見を排除し、ポリファミリーについての知識を持つこと。物理的スペースの確保や親の名前を記入する欄の変更など、設備やフォーマットを見直すことなどである。

『ワンダー・ウーマンとマーストン教授の秘密』の中では、先に婚姻関係を結んでいたエリザベスが、しばしば感情的な憤りを覚え、時にオリーヴとの共同生活をやめようとするシーンが描かれる。

この時エリザベスは、オリーヴへの嫉妬によってのみ憤るのではない。解職のリスクが高まり、隣人に蔑まれるなど、外からスティグマを向けられた時に、エリザベスはポリアモリー関係を解消しようとしていた。関係悪化よりも、社会からの冷遇に耐えかねるのだという描写であった。

もし、ポリファミリーの姿の可視化がさらに進み、ヘルスケアや教育などの現場でも、偏見なくサービスが提供されるようになったなら。そのような時代であればウィリアムたちも、安心と安定を噛み締めながら、より平穏な日々を送っていたのかもしれない。

第9章
日本にポリーはどれくらいいるのか

コロナ禍でポリーたちは何に直面したか

私が、ポリアモリーやノンモノガミーについての調査を本格的に始めてしばらく経った頃、世界はコロナ禍に突入し、人との接触を一気に制限せざるを得なくなった。

自ずと、取材の多くが、リモート対応となった。ポリーたちとコンタクトを取り、日取りを決めて、ビデオチャットのURLを送る。当日、じっくり話を聞いた上で、疑問があればメールで問い合わせたり、二回目以降のインタビューに移る。

コロナ禍では、多くの人が「行動変容」「行動制限」を余儀なくされた。新たな出会いの場を設けることができず、親しい人とデートをすることも困難となった。「行動変容」の影響は、ポリーたちにも等しく訪れた。

ポリーたちにパンデミックの影響を尋ねると、次のような答えが返ってきた。

・遠距離の恋人と会えなくなった。
・合コンやデートなどができなくなった。

・性感染症の検査は頻繁にしていたが、コロナの検査はより高額であるため、カジュアル・セックスを控えるようになった。
・同居パートナー（ネスティング・パートナー）との時間が増えたが、非同居のパートナーとの時間が減った。非同居パートナーは、自分とは別のパートナーとの時間が増えたようだ。
・コロナに対するリスク意識が自分とパートナーとで合わず、会うのを控えるようになった。
・パートナー同士を「バブル」に位置付けて、新たなパートナーを積極的に迎えることは控えた。
・パートナーとの報告義務などは設けていなかったが、コロナ対策には濃厚接触者の把握が必要だろうということになり、「新たな相手」とのデートやセックスをする場合には、それぞれ相談しようかという話になった。結局、報告し合うことはしなかったが、対策はしっかりとろうという話になった。

「ステイホーム」「食事は家族に限定して」「不要不急の外出の自粛を」といったメッセージは、典型的な核家族やモノガミーな人々を想定して発信されていた。そこでは、シングルで一人暮らしをしている人々も、あるいはノンモノガマスな関係を築いている人々も、見過ごされがちであったといえるだろう。

ポリーの多くは、モノガミストよりも、日常的に性感染症のケアを行っている。ポリーだからといって、よりリスキーな性関係を築いたりするわけではない。だからこそほとんどのポリーが、コロナ対策を通じて、多かれ少なかれ、関係性の再調整を行うこととなった。ネスティング・パートナー（同居している相手）以外の関係を見直す人もいれば、コロナリスクについての考えの違いなどで、アンカー・パートナー（主要な相手）とのカップリングの解消を検討するグループも存在する。

コロナ初期には、ポリーコミュニティの中でも、「一人のパートナーと接触して二週間症状が出ないことを確認してから、次のパートナーと会う」という「リセッティング」という方法が提案された。あるいは、ビデオチャットやセックストイを利用したリモートセックスの提案がなされていた。しかし、それらの実践は、相当に困難であった。実際には、同居していない他のパートナーとの繋がりが切れてしまったり、あるいは特定の誰かと擬似モノガミーの関係になることを選択したりという当事者も少なくない。

パートナーとメタモアがすべて友好的で一緒に時間を過ごす「キッチンテーブル・ポリアモリー」を実践しているグループの場合、モノカップルのバブルから少しだけ拡張された、「ポリバブル」を形成するようなケースもあった。

若きポリーたちの生活

コロナ禍は、恋愛においても、思わぬ環境の変化をもたらした。ステイホームとリモート化の副産物として、マッチングアプリのユーザーが増加したことだ。

日常での「出会い」の機会が減った中、多くのマッチングアプリは、ビデオ通話機能などを設けた。そのことによって、「会わずに、出会える」という特性を強化していった。

アプリによるマッチングが苦手なポリーもいるが、あらかじめ関係指向などを開示した上で、デート相手を吟味するというアプリの特徴は、さまざまなマイノリティにとっても有用な場となっている。事前に自己開示を行いつつ、多くの言葉で合意を交わすことを重視しがちなポリーにとっても、重要な選択肢の一つであることは間違いない。

マッチングアプリの中には、「複数愛者」であることをプロフィールに書こうとすると、運営から削除を求められるものもある。その一方で、ポリアモリーであることの登録を可能にしているアプリもある。また、ティンダーのように、もともと自由度が高く、ポリアモリーをシステム的に排除しないスワイプ型アプリもある。

新たなメディアが次々に登場する中、アプリやウェブサイトなどを活用しながら、ノンモノガミーについて学び、交際相手を見つけるポリーたちもいる。

高校生の琥珀さんは、バイセクシュアル。自身をポリーだと理解している。

彼女がポリアモリーという言葉を知ったきっかけは、個人ラジオ配信アプリ「Ｓｐｏｏｎ」で、複数愛についての会話を聞いたのがきっかけだった。すぐさま自分のことだと感じ、仲の良い人たちに自己開示した。伝えた相手はみな、すんなり受け入れてくれたという。おかげで、複数愛について悩んだことはない。

二十代の公務員、宏明さんは、パンセクシュアル。彼もまた、自身をポリーだと理解している。ウェブ上での記事に出会ったのがきっかけで、福岡のポリーラウンジに参加するようになった。恋人ともネットで出会い、恋人と、友人男性と共に、複数人で同居しながら暮らしている。ポリアモリーという言葉との出会いが、「規範通りの恋愛をしなくてはいけない」「一人のベストな相手を見つけなくてはいけない」といったプレッシャーから自由にしてくれたという。

十七歳の高校生、りぃさんもパンセクシュアル。十六歳の時、テレビ番組でポリアモリーについての特集をしているのを見かけた。そこに出演していたきのコさんの発言をきっかけに、ポリアモリーについて検索。きのコさんのｎｏｔｅ、本、Ｔｗｉｔｔｅｒを中心に、いくつかの情報に目を通していった。今は二人の恋人がいて、それぞれポリアモラスな関係に合意している。自分にも恋人たちにも嫉妬心はあるが、日程調整は細かく行い、好きだという気持ちを伝える工夫を心がけている。

二十代の巽さんは、岐阜県在住。フリーランスで町づくり事業をしている。彼もまた、きのコさんの投稿をきっかけに、動画サイトなどでポリアモリーに関する情報を集めていった。自身はポリーなのだという自覚を抱き、家族にカミングアウト。家族の反応はまちまちだった。

弟からは、「ごめんわからん」と言われ、祖母からは「若い時はそういうこともある。でも、その中から一人、好きな人がわかる」という反応だった。母はただ、黙って聞いていた。

父は「そんなもんやぞ、おかしいことではない」と肯定的だった。受容の仕方は色々だったが、自分のことを真正面から否定されず、居場所としての安心感が増した。

書籍、テレビ、雑誌、ラジオ、YouTube、note、Twitter、TikTok。その他、さまざまな媒体が、「ポリアモリー」について人々が知るきっかけとなっている。

ポリーたちの多くは、その言葉についてウェブ上で検索し、時には関連書籍を手に取り、より深く学ぼうと試みる。最初にあたるものが、概要しか載っていないウィキペディアであったとしても、「ポリアモリー」という言葉が存在し、他にも当事者がいることを意識できるようになる。

SNSなどでの交流が可能になった現在、特に若いポリーらは、早い段階で自らの関係指向に気づくという機会が得やすくなっている。

ウェブ上には、ポリアモリーに関するいくつかのオンラインコミュニティがある。そのうちの一つを運営するのが、都内でレストランを経営しているOGさんだ。OGさんは三十歳の男性。

OGさんは、LINEのオープンチャットで、「ポリアモリー実践者」のためのルームを作った。数十人ほどのメンバーで、恋愛についての雑談を行っている。

「結婚してから、ポリーだと分かった人。打ち明けて、パートナーに受け入れてもらった人。

いろんな人がいます。興味で知りたい人向けではなく、実践している人向け。匿名で打ち明けられる場所なので、参加されている方も、安心されているように思います。僕も、他の人がいることを知って、安心しました」

ＯＧさんは、ポリアモリーという概念がもっと広まってほしいと考えている。説明なく「そう、君はポリーなんだ」と伝わったり、「自分もポリーだ」という人に出会いやすくなってほしいとも。

「親世代だと、限られたコミュニティ内での出会いだったり、文通やお見合いなどに、出会いが限られていましたよね。それがＩＴの発達で、コミュニティを超えた恋愛も増えてきている。恋愛観が変化している中で、ポリアモリーに対しても、自然に腑に落ちる人も多くなるんじゃないかな、とは思います。すぐにじゃないけれど、じきに、と思います」

ポリーは世界に一千万人以上いる？

ここまで、多くのポリアモリー当事者の、多声的な証言を紹介してきた。では、そもそもこの世界には、どれくらいのポリーがいるのだろうか。

米国疫学調査を元にした研究では、アメリカ市民のうち、「現在、パートナーとノンモノガミーに合意している」状態にある者は9・68％、実際に「同意に基づいて複数の人と交際している」人は４・12％であった。また、「自分自身にポリアモラスな傾向があると捉えている」人は、４・31％であった。

アメリカの人口を三億として推計するならば、米国では一千万を超える人が、合意に基づいたポリアモリーな関係を営んでいることになる。しかもこれらは、「現在」の数字であり、生涯を通じた経験率では、さらに大きくなることがわかっている。

カナダにおける疫学調査ではどうか。二〇一七年に調査されたデータでは、回答者全体の2・4％、および「アンケート時点でパートナーがいる人」の4％が、「オープンな関係（一人だけに交際相手を絞らない状態）」にあるとした。また、全体の約20％はオープンな関係を持ったことがあり、12％は理想的な関係は「オープン」であるとした。

男性は女性と比較して、「オープンな関係」を持ったことのある率が高く、その割合は男性が24・7％、女性は14・9％であった。また、理想的な関係としてオープンを選ぶ傾向があったのも、男性が18％、女性が6・3％と、男性の方が高かった。また、若いほど、オープンな関係を持ったことがあり、かつ「オープン」を好む率が高かった。

アメリカとカナダのデータだけでも、世界中には少なくとも、一千万人以上のポリーがいるだろうと考えられる。思ったより多い、と受け止める人も多いのではないだろうか。

では、日本にはどれくらい、ポリーが存在しているのだろうか。

日本にも百万人のポリーがいる

残念ながら、日本での量的調査は、これまで存在しなかった。そこで私は、文化人類学者の深海菊絵氏、家族社会学者の永田夏来氏、臨床心理士の梨谷美帆氏、精神科医の増田史氏、社会心理学者の高史明氏、ポリーのきのコ氏と共に、国内で二つの調査を行なうことにした。

調査の一つは、ポリアモリーの割合を把握する量的調査だ。二〇二一年六月末、オンライン調査サービス「Ｆｒｅｅａｓｙ」を利用し、登録モニター八百二十五人分のデータを分析対象とした。ウェブモニタリング調査という形式にはバイアスもあるが、調査設計の工夫次第では十分に参考にできるデータを手に入れることができる。調査の詳細は、「ポリアモリーウィーク２０２３」のイベント配信および冊子にて公表している。

この調査では、事前にアンケートに答えてもらった回答者の中から、当事者性の高い人を中心に抽出して本調査に進むという「スクリーニング調査」という手法を用いている。そうすることで、ポリアモラスな感性を持つ当事者の割合を把握しつつ、分析に必要な当事者の回答を得ることができる。また、モノガミストとの比較も、ポリー間の比較も可能になる。

日本で暮らす人のなかに、ポリアモリー、あるいは合意に基づかない複数愛や複数交際にまつわる経験や願望を持っている人は、実際にはどのぐらいいるのだろう。結果は、次頁のグラフのようなものであった。

このグラフから、関係指向がポリアモラスであるという人は20・４％。潜在的にポリアモリーを望む人が11・１％。そしてポリアモリーの実践経験がある人が４・０％だということがわかる。

この調査の回答者は、性的にプライベートな情報を聴取するという性質から、二十代以上を対象としている。また、年齢の上限については、五十代までとしている。そのこともあって、このデータをもって直ちに、「日本人口の２・４％がポリーである」と言えるものではない。

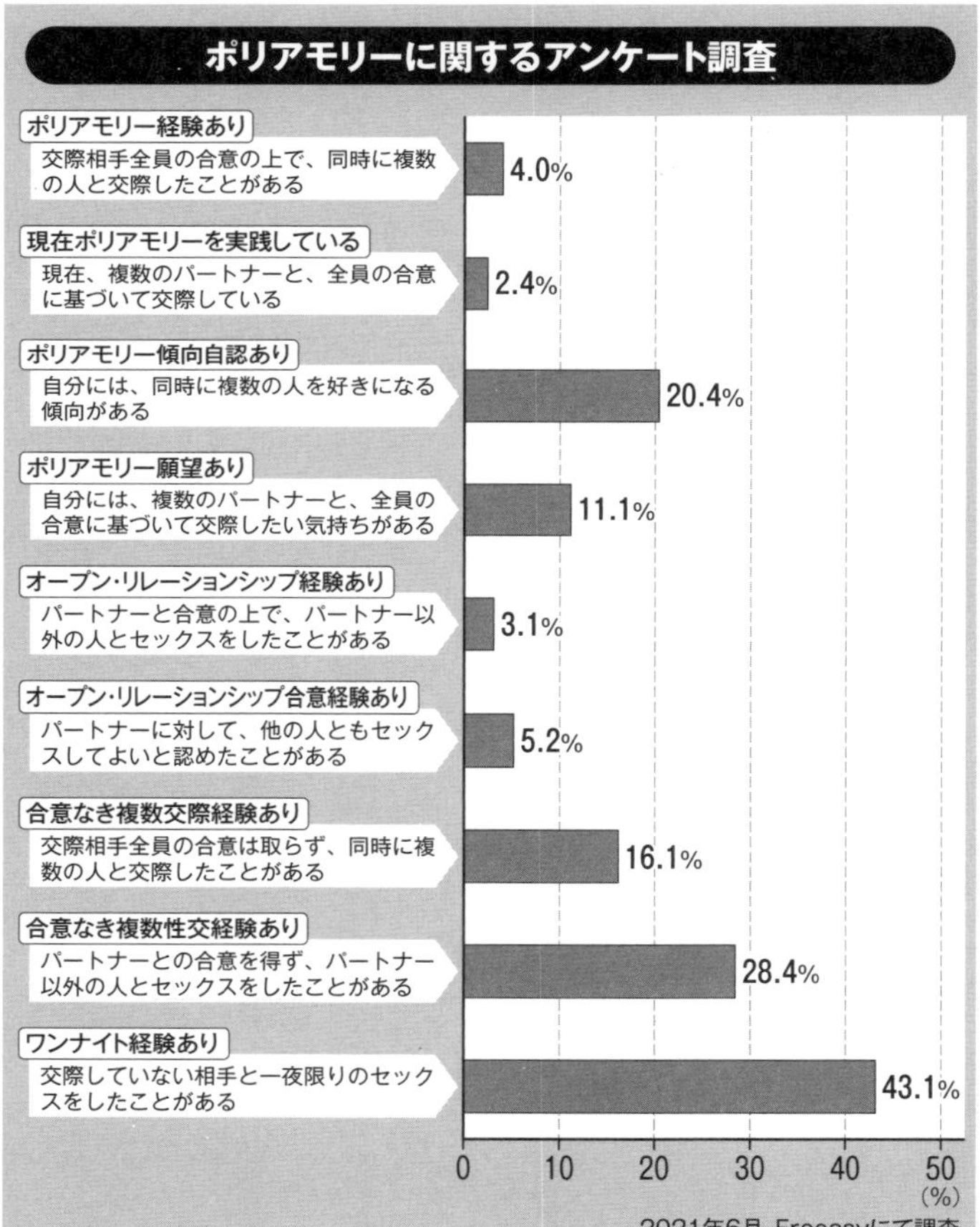
ポリアモリーに関するアンケート調査
ポリアモリー経験あり
交際相手全員の合意の上で、同時に複数の人と交際したことがある
4.0%
現在ポリアモリーを実践している
現在、複数のパートナーと、全員の合意に基づいて交際している
2.4%
ポリアモリー傾向自認あり
自分には、同時に複数の人を好きになる傾向がある
20.4%
ポリアモリー願望あり
自分には、複数のパートナーと、全員の合意に基づいて交際したい気持ちがある
11.1%
オープン・リレーションシップ経験あり
パートナーと合意の上で、パートナー以外の人とセックスをしたことがある
3.1%
オープン・リレーションシップ合意経験あり
パートナーに対して、他の人ともセックスしてよいと認めたことがある
5.2%
合意なき複数交際経験あり
交際相手全員の合意は取らず、同時に複数の人と交際したことがある
16.1%
合意なき複数性交経験あり
パートナーとの合意を得ず、パートナー以外の人とセックスをしたことがある
28.4%
ワンナイト経験あり
交際していない相手と一夜限りのセックスをしたことがある
43.1%
0
10
20
30
40
50
(%)
2021年6月、Freeasyにて調査

グラフ製作　アトリエ・プラン

それでも、少なくとも日本には、百万人を超えるポリアモリー実践者がおり、ポリアモラスな感性を持つ人が一千万人以上いる、とは言えそうである。

全体としては、「男性」「若者」「子供がいる人」の方が、ポリアモリー経験が多い傾向があった。この傾向は、先のカナダの調査とも整合的である。日本の男女差については、男性ポリーが十人いるとすれば、女性ポリーが六人いる、といった具合であった。

今回の量的調査上で、女性の方がポリアモリー経験が少ないのは、さまざまな理由が考えられる。社会的スティグマの男女差や、恋愛における性別役割分業の存在。あるいはデート時の暴力や妊娠リスクなどへの警戒など、そもそも男女で、恋愛やセックスを取り巻く環境が大きく異なっている。

ただし、これはあくまで傾向であり、ポリーは若年層男性に特有のカルチャーなのだ、とまではいえない点に、注意が必要だろう。統計上も、女性のポリーは少なからずいる。また、後に紹介するポリーラウンジ参加者へのアンケートや、ポリアモリーに関するイベントに、女性が積極的に参加している様子も見られる。

若者の方がポリアモリー経験が多いのは、世代的な要因がある可能性が高い。通常、何らかの経験を尋ねると、行為の累積によって高齢者の方が経験率が高まることが考えられる。それでもなお、「年齢が低いほどポリアモリー経験率が高い」というのは、若い人の間で、ポリアモラスな感性が受容されつつある可能性がある（もちろん、高齢者ほど、質問に対してその経験を隠したがるという可能性も存在する）。

自認／願望／経験

もう一つの調査は、ポリーラウンジ参加者、およびその周辺にいる人を対象としたアンケートだ。このアンケートは、二〇二一年一月に実施し、百十七人の回答を得た。同調査の詳細は、「ポリアモリーウィーク2023」のイベント配信および冊子にて公開している。

この調査を通じて見えてきたのは、当事者にとっては、「ポリアモリー傾向自認」「ポリアモリー関係願望」「ポリアモリー経験」が、それぞれ重要な意味を持つ、ということだ。どういうことか。一つずつ見ていこう。

①　ポリアモリー傾向自認の有無

「同時に複数の人を好きになる傾向があると自認している」かどうかを問う。これは、「交際相手全員の合意の上で同時に複数の人と交際する」というポリアモリー的な関係を願望するうえで基底要因になる。ポリアモリー傾向を自認していても、願望しているかどうかは問わない。

②　ポリアモリー関係願望の有無

「交際相手全員の合意の上で同時に複数の人と交際したい」と思っているかどうかを問う。つまり、そうしたいと思っていることをもって、「ポリアモリー願望」があるものと捉える。実践の経験があるかどうかは問わない。

③　ポリアモリー経験の有無

「交際相手全員の合意の上で同時に複数の人と交際したことがある」かどうかを問う。

「ポリアモリー傾向自認」「ポリアモリー関係願望」「ポリアモリー経験」の三つの要素は、ある程度の一貫性を持つと思われる。すなわち、①同時に複数の人を好きになる傾向があると自認する者が、②同時に複数の人との交際関係を希望し、③実際にそうした交際関係を築いた経験がある、という一貫性である。

「経験あり」の回答者においては、「傾向自認あり」「関係願望あり」の回答者が大きな割合を占めていた。複数の人と同時に交際関係を築いた経験のある人は、複数の人を同時に好きになる傾向があり、同時に複数の人と交際関係を築きたいと思っているという、当たり前の事実を反映したものである。

ただし、「経験あり」の群においても、「傾向自認」「関係願望」がある人ばかりではない。「経験あり」の中にも、自認や願望があるとは「思わない」「どちらでもない」「分からない」人もまた、合わせて15~20%程度、見られた。つまり、ポリアモリー的な交際の経験がある人の全てが、「傾向自認」「関係願望」を持っているわけでは必ずしもない、ということだ。

また、「ポリアモリー経験あり」の回答者の中にも、「関係願望なし」の人がいることも無視できない。現在もしくは過去にポリアモリー的な交際を経験したことがあるが、今後はしたくないと思っている回答者がいるということだ。そこには、本人の希望ゆえにではなく成り行きで経験した回答者や、あるいはポリアモリーという形態を望んでいたわけではないと自覚した回答者なども含まれている。

ポリアモリーというのは、あくまで関係様式である。ポリアモラスな関係指向を持つ人だけでなく、モノガマスな人が、結果として、ポリアモリーを経験するということも起こりうる。

他方で、「ポリアモリー傾向自認」や「ポリアモリー関係願望」がある者でも、「ポリアモリー経験なし」も多い。これは、たとえ本人がポリアモリーを望んでいても、実際にそうした関係を築けるとは限らないことを反映している。

これらの分析で浮き彫りになったのは、ポリアモラスな関係指向を持つ者に対しての、「自覚・自認しているかどうか」「実践を望むかどうか」「実際に経験しているかどうか」「いまどういう状態にあるか」という問いには、それぞれ多彩な回答があるだろう、ということだ。おそらく、自身がポリーであると自覚していない人もいるし、自覚したとしても「すべきではない」「実際に交際したいわけではない」と考えている人もいるだろう。このように、ポリアモラスな感性を持つ人であっても、ポリアモリーという形態への関わり方は、相当に多様である。

日本ではこれまで、ポリーの存在を前提とした調査が行われてこなかった。今後は多くの調査実施者が、ポリーの存在を認知し、その実在を念頭に置いたリサーチ設計に取り組むことを期待したい。

第10章　ポリアモリーと結婚制度

世界の複数婚制度

ここまで、合意に基づいた複数愛関係のことを、ポリアモリーと呼ぶと紹介してきた。ポリアモリーについて紹介すると、「それって、一夫多妻制のことでしょう？」という反応が返ってくる。しかし、ポリアモリーと一夫多妻制は、大きく異なる点が多い。

一夫多妻、一妻多夫、多夫多妻を組み込んだ「婚姻制度」のことをポリガミー（複数婚）という。ポリアモリーは関係様式のことを指し示す言葉だが、ポリガミーは社会制度上の婚姻形態を指し示す言葉だ。

ポリガミーは、サハラ以南のアフリカの各地域、およびイスラム教徒やモルモン教徒などによって実践されてきた。一夫多妻制などのポリガミーは、植民地主義政策やキリスト教の伝道などにより、さまざまな変化を余儀なくされてきた。

ポリガミーは現在、多くの国や地域で違法とされている。それでも、中東やアフリカを中心に五十カ国以上の国では、ポリガミーが一定程度、認められてもいる。

二〇一九年に書かれた論文によれば、ポリガミーで生活しているのは世界人口の約２％にあたる。ポリガミーは、サハラ以南のアフリカで最も多く、そこでは人口の11%が複数の配偶者と生活している。特に、ブルキナファソ（36%）、マリ（34%）、ナイジェリア（28%）など、西・中央アフリカの国々で多い。

サハラ以南のアフリカ地域のイスラム教徒は、キリスト教徒よりもポリガミーを採用している割合が高い。イスラム教徒のポリガミー実践者が25%程度であるのに対して、キリスト教徒のポリガミー実践者は3%程度である。しかし一部の国では、民間宗教の教徒や、特定の宗教を持たない人たちの間でも、ポリガミーが普及している。

例えばブルキナファソでは、民間宗教を信仰している人の45%、イスラム教徒の40%、キリスト教徒の24%がポリガミーの家庭で暮らしている。他方でチャドは、調査の中で唯一、キリスト教徒（21%）がイスラム教徒（10%）よりも、ポリガミーの家庭で生活している割合が多い国でもあった。

ポリガミーとして有名なのはモルモン教＝末日聖徒イエス・キリスト教会（ＬＤＳ）だろう。ただし、社会に適応するための意図的な世俗化の議論を経て、現在では一夫多妻の伝統を取りやめている。

一方で、モルモン教から分派した「ＦＬＤＳ（末日聖徒原理派）」は、今なお一夫多妻の慣習を守っている。ＦＬＤＳは教義の実践上、男性が三人以上の妻を取ることを推奨している。しかし、宗教リーダーが強制児童婚により逮捕されるなど、その反社会性が度々問題視されてきた団体でもある。脱会者も相次いでおり、信者の数は減少し続けている。

現在、ポリガミーを認めていない国や地域でも、時代や身分などによって、複数婚が実践されてきた場合もある。日本も例外ではない。こうしたポリガミー、とりわけ一夫多妻制については、家父長制との関係が指摘され続けてきた。

ポリガミーをめぐる議論そのものも大変に興味深いが、この辺りにしておこう。ここで確認しておきたいのは、ポリガミーとポリアモリーとは、出現してきた経緯が大きく異なるという点である。

ポリガミーは多くの場合、共同体の維持や、家父長制的な組織構造において重視されてきた。とりわけ男性優位な社会の中では、女性の自己決定が疎かにされることもある。

ただし、西洋的なモノガミーであっても、実際には、家父長制や性別役割分業との密接な歴史があった。とりわけフェミニズムの議論からは、単数婚の歴史が、女性を家事育児などの再生産分野に押し込めてきたという批判もある。

そんな中にあって、現代のポリアモリーをめぐる議論は、男性による女性の所有や庇護といった、非対称性を前提とした一夫多妻制などとは異なるものとして出発した。

自由と共有を尊重する西海岸文化。男女の対等性や自己決定権を尊重するフェミニズム。それまで抑圧されてきた「逸脱者」を肯定するクィアカルチャー。ポリアモリー文化は、こうしたさまざまな歴史から影響を受けている。

ポリアモリーの実践は、しばしばモノガミーやポリガミーに共通する独占性や、男女の非対称性から距離を取ることが勧められる。そのためにこそ、「合意」を丁寧にとることの重要さが、ことさらに強調されることになりがちでもある。

重婚禁止はなんのため?

ポリーへの取材を行なっていると、しばしばポリアモリーにも開かれた「複数パートナーシップ制度」の是非が話題となる。現在は日本でも、「同性パートナーシップ制度」の導入が、各自治体で緩やかに進められており、国会での立法化も、左派野党政党を中心として検討されてはいる。だが、複数婚制度を議論するためには、そもそも刑法の「重婚禁止」規定から見直しをしなくてはならない。

日本の刑法では、「重婚禁止」の規定がある。だがこれについて、参議院法制局のウェブサイトに面白い記事があった。二〇二〇年四月に執筆された、刑法の重婚禁止規定について考察するというものであり、内容は次のようなものであった。

> 刑法では、配偶者のある者が重ねて婚姻をしたときは二年以下の懲役が科されることになっています。ただ、この場合「婚姻」とは婚姻届を出して戸籍に記載されたもの、つまり法律上の婚姻をいうと解されています。そうすると、民法では配偶者のある者は重ねて婚姻をすることができないとしているので、できないことを犯罪として罰することにしているという変な話になります。(中略)
>
> 妻子ある男性が妻以外の女性と暮らしていても、婚姻届を出して法律上の婚姻になっているのでなければ、このような夫婦関係、家庭生活を破壊する行為が罪にはならない。また、婚姻届を出さなければ何人の異性と結婚生活を営もうとも重婚罪にはならないのです。

となると、この規定は何のためにあるのでしょうか。一般に、重婚罪は夫婦関係や家庭を保護することは直接の目的ではなく、それよりも「一夫一婦制」という婚姻についての法制度を保護することが目的であるといわれています。（中略）

重婚罪は、「一夫一婦制」という文明社会の倫理を建前において保護しようとしているのに過ぎないのかもしれません。ただ、道義的建前の宣言という面が、明治期の立法である刑法にはあるのでしょうか。重婚罪は、刑法の歴史的一面を残す刑罰規定なのかもしれません。

つまり行政が誤って婚姻届を受理しない限り、どのような生活実態を持っていたとしても重婚罪には問われない。ではなぜこのような規定があるのかといえば、一夫一妻制という「道義的建前」を明確にするために残っているのだという。

実際は、複数の相手との事実婚を行っている場合もあり、そのようなケースは「重婚的内縁」と呼ばれている。そして実態に応じて、夫婦関係としての保護が法的に認められることもある。このように、実は日本にはすでに複数婚的な関係が社会的に存在し、なおかつ一定程度は法的な保護も行われている。

同性婚や選択的夫婦別姓などについては、一部保守層からは今でも、「家族制度が崩壊する」という反対論が根強くある。ある種の家族モデルを尊重してみせる思想グループにとって、「多様な家族モデルに反対する」という姿勢は、内集団への忠誠を誇示し合うという象徴的な価値も持つ。だからこそ、他人の自由と権利を認めることによる実害がほとんど見当たらずとも、あえて強い抵抗を示すことになる。

そうした保守層が、ポリアモリーにいかなる反応を示すのか。ある程度予想もできる。実際、日本にある宗教右派の一つ、旧統一教会系の媒体である「世界日報」は、すでにポリアモリーに対する批判記事をたびたび発信している。

ではそもそも、日本のポリーたちは、「複数パートナー制度」あるいは「複数婚制度」についてどう考えているのだろう。当然ながら、その捉え方は人によってさまざまであるが、それでも取材をしていると、婚姻制度などについて、自然と会話にあがることが少なくない。

大山明男さんの場合——結婚も、決まったパートナーも必要ない

都内在住の大山明男さん。三十九歳。飲食店を営んでいる。

大山さんが最初に複数の人を好きになったのは、保育園児の頃。どの年齢だったか正確には思い出せないが、「気になる子」が複数いたことは覚えている。

小学四年生の時。クラスメイトと好きな人について話す場面で、「あの子も好き、あの子も好き」と数名の名前を挙げたら、「それって変だよ」と言われた。家に帰って、親にその話をしたら、「それはダメだぞ」と怒られる。そうやって否定されたことから始まったので、「違うのかな、よくないのかな」とは感じた。それでも、複数の人を好きになる気持ちは変わらなかった。

高校生の時から恋人と付き合うようになるが、複数の人と関係を持つこともしばしばあった。それでも、「まずいことをしている」という、罪悪感のようなものはなかった。

十九歳の頃になると、自然とポリアモリー的な実践を重ねていた。交際している人には、「他の人も好きになったから、今度会ってくる」と告げる。関係性を築こうとする相手には、「自分は、他にも好きな人がいるけど、それでもいいなら」と確認する。そのようなコミュニケーションを行なってきた。

大山さんが十九歳だったのは、一九九九年。書籍やネットでポリアモリーについて学んだなどということはなく、自分にとって自然な形として、そのような関わり方を実践していた。最初の恋人に、ポリアモラスな感覚を伝えた時は、「そんな感覚はわからないし、そんなのだめでしょ」と否定された。しかし、大山さんが、「君のことが嫌いだとかではなくて。今その人が大変だから、注力したいというのはあるけれど」と説明を重ねると、理解に努めてくれたという。

彼女とは一年ほどで別れたが、複数愛が直接的な原因ではなかった。

ホストクラブ、会社員、バーテンダーなど、様々な仕事を経験したが、どのコミュニティでも、自身の複数愛は「完全にネタ扱い」されていた。周りにからかわれたり非難された時は、「そう、クズなんだ俺」「ちゃらくて軽いんだよね」と、軽く返し続けていた。

三十代になって、大山さんは事実婚をすることになる。相手は「アセクシュアル」で、なおかつ「男性／女性の線引きで見られるのが辛い人」だという。

恋愛はしたい、子供は欲しくないが、結婚はしたい。そんなパートナーに大山さんは、自分は複数の人を好きになるタイプだけど、それでも大丈夫かと尋ねる。するとパートナーは、

「ああ、あなたはポリアモリーなんだ。実在するんだね」と言われた。

「ポリアモリーってなんだろう」

大山さんはそう思い、初めて複数愛について調べてみた。

「救われた。人生で一番気持ちがよかった瞬間だった」

ネット記事などで説明されていた内容が、スッと腑に落ちる。自分は何者だったのか、それがはっきりとクリアになったという。

事実婚のパートナーに、嫉妬の感情がないわけではないようだ。そのため、大山さんが他に誰とデートをするかは、事前に知りたいという。

「だから二人で話し合って。出かけることは知りたいけれど、内容は知りたくないと言うのね。で、夫婦の合言葉として、〈お出かけ〉という言葉を使うことにした。『今日はお出かけ行ってくるね』みたいな」

お出かけの時だけは、帰っても別々に眠る。だけど翌日からは、同じベッドで眠る。そんなルールだった。

結婚生活は八年ほど続いた。「今はお世話がかり」。さまざまな経緯があって事実婚は解消したものの、相手の鬱や摂食障害のサポート、生活保護の書類記入など、生活面でのケアは引き続き行なっている。形が変われど、関係が途切れるわけではない。

大山さんは、今は、固定のパートナーを作らない。

「自分は『止まり木あっきんだよ』と言っている。自分が好きな人が幸せになるのが嬉しいから。自分のところで安心して休んで、でも誰かパートナーが欲しくなって、止まり木から去っていくならそれでいいかなって。止まり木だから、他の人も止まるよ、とも伝える。事実婚を経てからは、お付き合いや結婚はしないというのは伝えている」

誰かが自分とずっといても、「幸せ」にならないだろうとも感じている。

「もっといい人がいっぱいいる、と思うしね」


複数愛関係に抵抗が強い人とは、性関係は築かない。自分の中で、いくつかの線引きやルールを作っている。

「嘘をつくのは嫌だと思って。いい雰囲気になっても、最初に言う。でも、モノアモリーだけど、今のモノ関係に疲れている人もいる。ＤＶを受けていたりしてね。そうした人だったら、家の外に止まり木だって必要だって思うし」

セックスと愛情は、全くの別だ。「好きだからセックスしたいわけでもないし、セックスしたら好きになるわけでもない」。相手がアセクシュアルで、性関係がなかったとしても、強い情で結ばれるものを、恋愛感覚だと捉えている。

大山さんの関係指向について、母親は気づいているようだった。

「母は聡明な人で、気づいたうえで注意した。『優しいしモテるだろうから気をつけるんだよ』『裁判沙汰にならないように気をつけなさいよ』と。でも、複数愛はダメだよ、とは言われなかったかな」

隠すことなく生きる方が、いろんな人と話ができて嬉しい。飲食店の客とも、性愛も含めいろいろな話をする。

「基本的に、いろんなものを肯定したいと思っている。その方が得だと思う。自分はヘテロよりのパンセクシュアルだけど、世の中のルールに合わせて気持ちを抑えるのはナンセンスかなって思っている。鬱屈している人がとても多いから、自分と話したことで、『それでいいんだ』って思ってくれるのは嬉しい」

取材に対しても、「とても楽しい」と笑顔を見せる。「フルネーム出していいよ。自分の全部が、誰かの人生のフリー素材になってくれたらいいと思ってるからさ」。

テレビや雑誌で繰り広げられる不倫報道については、「アジテーションに近い気がする」と、違和感を語る。

「叩きすぎかな。人目に触れる仕事をしているわけだから、ある程度、社会性やモラルを重視しなくてはならないと思う。でも、叩く人の気持ちはわからない」

モノ規範が埋め込まれた社会では、複数愛者の存在は見えにくい。とはいえ、複数婚を認める制度の導入についても、大山さんは慎重だ。

「自分は、マイノリティであっても、生きてれば幸せ。制度ができることで、逆に傷つく人がいるんじゃないかなとは思う。結婚したポリーの人と比較してしまったりして。制度にこだわって、幸せになれない人が出てきたら、嫌だなって。今の結婚制度に、ただ複数愛を足すだけだと、意味がないかもしれない。画期的だけど、最適ではない感じがするな」

複数パートナーシップ制度は必要なのか

日本のポリーたちの間でも、複数パートナーシップ制度についての議論はさまざまだ。特に多い意見は、①権利や保障はあったほうがよい、②既存の結婚制度の拡張版になることには抵抗感がある、③同性婚や選択的夫婦別姓も実現していない状態では現実味がない、といったものだ。

ポリーたちに、「婚姻制度やパートナーシップ制度についてどう思うか」と尋ねると、相当な熱量で返事がくる。いくつかの意見を紹介してみたい。

岩崎裕介さん、東京在住の会社員。五十二歳。二十六歳から三十五歳の頃、アメリカ・ニューヨークで暮らしていた。二〇〇〇年頃から参加しているプライドパレードで、ポリアモリーの行進にも加わったことがある。

モノ規範との葛藤を経験したことがないとして、オープンに振る舞う岩崎さん。社会制度の変化には、現時点では期待してはいない。

「自分にとっては、ポリアモリーというのは固定的ではなく、流動的なもので。結婚に対しても、あまり思い入れを持っていないんです。それに個人的には、重婚制度は好ましくないと思っています。歴史的に、男性が複数の妻を取るというものになってきたのは、権力関係が背景にあるので。家父長制度の再生産になるので、積極的に推進するつもりはありません。制度に頼らず、十分絆があれば、二人の人が一人を看取ることもできるでしょう。網の目のように、複数の人が複数と関係を持つのが好ましいと思っているんですよね」

都内在住の占い師であるMさん、三十九歳。夫以外の人も好きになったことから、複数愛を自覚した。離婚のタイミングで、性的マイノリティの研究会に参加していた友人から、ポリアモリーという単語を教わる。その言葉と出会い、腑におちた。帰属意識と、安堵感。仲間意識や同族意識を味わった。

Mさん自身は「パートナーシップ制度は欲しい」と言う。制度的な結びつきがあったほうが、スムーズになる場面もあると考えるためだ。

ただ、現在の結婚制度の延長になることには反対だ。Mさんには、既存の戸籍制度や夫婦同姓制度に違和感があるためだ。

「複数の場合、誰かをメインパートナーにしなくてはならないのかとか、何かあったときの代表を選ぶのかとか。考えだすと面倒くさそうですけどね」

第9章に登場した、オンラインコミュニティを運営するOGさん。家族を作るとしたら、一つ屋根の下で、複数のパートナーが暮らし、共に育児ができればと夢見ている。そのためには、理解ある社会と、柔軟な制度が実現してほしいと考える。結婚記念日のたびに、契約更新しながら、複数のパートナーと平穏に暮らしてみたいとも。

「メタモアが一緒でもアリですね。男でも女でも全然。面白い人だったら、飲み仲間になれたらいいなって」

同じく第9章に登場した、恋人や友人と共同生活をする宏明さん。トランスである恋人とは、戸籍の問題から、法的にはカップルになり難い。そのこともあって、今の婚姻制度には、限界を感じてもいる。

「扶養に入れないかを会社の人事に相談したけれど、『前例がなくてできない』と言われました。公正証書を作るにも、お金がかかるし。そもそも個人間の契約を、公的に定める必要がどこまであるのか。同性婚などを増やすよりは、結婚をもっと簡素化した方が良いのではないかとも思います。

公務員をしながら思っていたのは、結婚は法的拘束力があるのに、保険や不動産、携帯電話の契約時のような説明や確認をすることはないですよね。ただ届出するだけで成立してしまう。でも皆が一つの形式しかえらべない。財産分与や、不貞行為をどう考えるか。一度契約したら無期の関係になるのか、それとも定期的に更新するのか。それぞれの形に合わせて、当事者間で話し合って作れるようにした方がいいんじゃないかな、って思います」

ポリーの存在を異端視しない社会を、多くのポリーが望んでいる。他方でパートナーシップ制度の話題となると、悲観的に捉えるポリーも多い。「おそらく自分達が生きているうちには、実現しないだろう」と予測し、具体的な議論をしても意味がないだろうと考えている人も多い。

ただし、世界に目を向ければ、複数パートナーシップ制度の前例がないわけではない。

サマービル市の「複数パートナーシップ制度」

二〇二〇年。日本でも、いくつかのメディアが、「アメリカの都市でポリアモリーが制度的に認められた」と報じた。その都市とは、マサチューセッツ州のサマービル市である。

マサチューセッツ州では二〇〇三年、米国で初めて州最高裁判所において同性婚の禁止は州憲法違反とする判決が下されている。その後、マサチューセッツ州の主要な都市であるケンブリッジやボストンなどでは、同性カップルへの権利を保障したドメスティック・パートナーシップ条例が制定されていった。

それから時が経ち、二〇二〇年頃。新型コロナウイルスのパンデミックに伴い、ドメスティック・パートナー制度のない各地域において、婚姻関係にないパートナーのヘルスケアへのアクセスの問題（病院に入院するパートナーに面会できないことや、パートナーの健康保険に入れないことなど）が表面化する。このためサマービル市でも、二〇二〇年六月、ドメスティック・パートナーシップ条例を市の条例に新たに付加するための議論が行われていた。

条例案を検討する場では、ケンブリッジやボストンなど他の都市のものとほとんど同じ文章が準備されていた。しかし六月二十五日、評議会会議の開始直前に、大きな変化が生じることとなった。

サマービル市のスコット議員は、条例案の中にある一文に目を止める。それは、「ドメスティック・パートナーシップは二人の人物（two persons）により構成される」というものだった。「どうして、二人の人物、という表記なのだろう」。

スコット議員は疑問を抱いた。人口約8万人のサマービル市において、少なくとも二ダースのポリアモリー家庭が存在していることを把握していたためである。

すぐさまスコット議員は、立法委員会議長のデイビス氏に対し、「別の表記でも良いのではないか」と指摘する。スコットの提案に納得したデイビス議長は、条例案を審議直前に〝two persons〟（二人の人物）から〝people〟（人々）に書き換えた。この改訂案が、同日に全会一致で可決されることになる。つまりこの条例は、広範なパートナーシップを認めた内容のものに、ポリアモリーも含まれた、というものだ。

デイビス氏はCNNの取材に対し、次のように答えている。

「ポリアモリーの関係性をもつ家族は、現実に生活しているし、この先もおそらく永遠に存在する。今のところ我々の法律はポリアモリーの人々の存在を否定しており、これはあらゆる法律において、およそ正しいことだとは考えられない。うまく行けば、今回の条例が議論のための法的基盤になる。他はおそらく我々に追随することになるだろう」

また、CBS Newsに対してデイビス氏は、「社会や政府が、家族かそうでないかを定義することについての成果は、歴史的に見ても非常にお粗末なものだ。うまくいっていないし、そもそも政府が関与すべきものではない。これが私の考えの指針だ」とも述べている。

デイビス氏の言葉の通り、サマービル市の条例は大きな前例となった。すでに複数パートナーシップ制度が存在する地域があるという現実は、各所での議論を加速化させる機能を持つ。

二〇二一年三月八日。マサチューセッツ州のケンブリッジ市でも、複数パートナーを認めるドメスティック・パートナーシップ条例が可決された。しかも、サマービル市の条例が「同居している人々」を対象としていたのに対し、ケンブリッジ市の条例では、単一の住所での同居を必要としない条例へとさらに改められた。また、三人以上でパートナーシップを組んでいる中で、そこから誰か抜けることになっても、パートナーシップは即時解散とならないようにするなど、よりポリーたちの実生活に即した条例となっている。

特定地域の条例は、他の地域にとっても重要な参照事項となる。そして法や条例は、人々の権利の源泉にもなる。

日本では現在、ポリアモリーを前提としたパートナーシップ制度が存在しないだけでなく、そもそもポリーの存在そのものが認識されていないと言って良い。しかし、ここまで見てきたように、この社会には確かに、複数愛を実践する当事者たちが存在する。

ポリーたちは葛藤と対話を重ねながら、それぞれの日常と、その人数以上の愛を生きている。

エピローグ　ポリアモリーを可視化する

最後に、個人的な話をしたい。

小学三、四年生のころ。一泊だけ、山間部で宿泊体験をするという行事があった。いわゆる林間学校というやつである。

どこに行ったのか、何を見学したのか。何一つ覚えていない。ただ、はっきり覚えている光景がいくつかある。

虫の鳴き声が、ギィギィと響き渡る夜。いくつかのグループに分けられたクラスメイトが、入浴を済ませ、布団を敷き、暇を持て余している。

そこで、お決まりの流れとなる。枕投げ、トランプ、UNOといった、簡易な遊戯に興じるのだ。消灯時間が過ぎる頃には、さらに定番のイベントが行われる。「好きな子の告白大会」である。

誰からともなく、「お前ら、どの女子が好きなの?」という話が始まる。男子たちが輪になって、一人ずつ名前を発表していく。普段は「いじめられっ子」ポジションであった私も、この時は話の輪に入れてもらえていた。

一人が意を決して、「俺、二組の○○さんが好き！」と言う。最初に口にした彼に、男子たちが、賞賛と好奇の眼差しを向けた。

するとニ人目の男子が、「俺、バスケ部の△△さんが好き」と続ける。二人目が続くことで、場の流れが定まる。この儀式は、全員が言うまで終わらない。そのような雰囲気が一気に強まる。

すると、三人目の男子が、驚きの声をあげる。

「うそ……。俺も△△さんが好きなんだけど……」

一瞬の沈黙。場が凍ったような空気を感じた三人目の彼が、「でも」と続ける。

「でも、お前の方が先に発表したから。俺、譲るよ！」

その発言を聞き、二人目の男子が笑顔になる。

好きな人がかぶることは、相当の緊張を呼ぶものらしい。そして、先に好意を宣言した方が、尊重されるらしい。

人と恋愛の話をほとんどしたことがなかった私は、この時はじめて、このような暗黙の掟を知った。

「で、荻上は？」

発言を促される。

正直、「好き」という感覚が、どういうものを指すのかはわからない。けれど、素敵だな、と思っている人の名前を言えばいいのだろう。そう考えて私は、次のように答えた。

「Aさんと、Bさんと、Cさんと、Dさん」

私が「と」と口にするたび、同部屋の男子たちは、「と⁉」「と、って何だよ⁉」と、笑いながら大声をあげた。

「普通一人だろ」

「みんな好きってこと？」

「順位はどうなんだよ」

「せめて一位だけ言えよ」

「エロすぎだろお前」

それぞれが好き勝手に、囃し立てる。

ただでさえ、「ティッシュ」「万華鏡」という単語を聞いただけで、「それはエロワードだ」などと反応する小学生男子たち。「と」という助詞もまた、彼らにとっては、「エロ」の証として響いたようだ。

翌日。口の軽い男子たちは、昨夜の「と」事件を、無遠慮に言いふらしたようだ。他の部屋の男子からは「と、ってどういうことだよ」と尋ねられ、何人かの女子からは「サイテー」という言葉が投げかけられた。名前をあげた「好きな人」たちのうちの数人からは、見事に無視されるようになった。

この出来事は、私にとって、一つの大きな原体験となった。好きな人は、一人にしなくてはならない。でなければ周囲から、散々な目に遭うことになるのだと。

私が「ポリアモリー」という言葉に出会ったのは、「と」事件から二十年ほど経った、三十代の頃だった。

私はある時、一つの記事を見つけた。愛し合っている三人の同性愛者同士が、「三人婚」を選択したと伝える海外のニュース記事であった。

三人婚。聞きなれない言葉について調べていると、次に「ポリアモリー」という言葉を知った。「複数の人が、互いに合意しながら、恋愛関係を営むこと」といった説明が、そこにはあった。

そのような形があるのか。全身に雷が落ちたような衝撃を受けた。そして、大いに腑に落ちた。この概念は、モノガマスな恋愛様式に違和感を抱いてきた自分の人生に、大きな意味を持つように思えた。

そこで、ポリアモリーについて書かれた海外論文などを集めたり、ポリアモリー実践者たちのSNSなどを探したりして、貪るように読んでいった。当時はまだ、ウェブ上でカミングアウトしている当事者は極めて少なかった。しかし、それぞれの生活と、葛藤の息遣いが伝わるような「呟き」が、確かにあった。

活字に目を通しながら、いくつかの投稿をスクロールしながら、自分自身も身近な人々との対話や衝突を繰り返しながら、次のようなことを考えていた。

日本では、ポリアモリーを実践する人々が、どのぐらいいるのだろう。

その人々は、いかなる生活を営み、いかなる対話を行っているのだろう。

疑問を抱いた私は次第に、日本で暮らす当事者たちのライフヒストリーを聞きたいと思うようになった。その姿を記すことは、ポリーにとってのみならず、あらゆる「関係」に、大事な問いを投げかけると思った。もちろん、関係指向や関係様式に葛藤してきた、自分自身の人生を整理するためでもあった。

当事者グループに参加し、話を聞く。あるいは、SNS上でポリアモリーについて投稿している当事者にアポを取り、取材依頼をする。そのようにして、ポリアモリーの実践者たちへの取材と対話の日々がはじまった。そしてまとまったのが本書である。

二〇二一年五月頃。この日もポリランの取材を行っていた。

東京の中野駅から歩いて十分ほどのシェアハウスの一室にて、少人数での座談会が開催されていた。この日の参加者は八人。コロナ禍の影響が続く中で、人数を絞っての開催となった。

「安全安心のための、ルール説明をしますね。何を話してもいいし、話さない自由もあります。互いに否定しない、笑わない。相手の話を、大したことないと矮小化しない。そして他人に自己開示を強制しない。何より大事なのは、ここでの話は、ここでだけ」

いつものルール説明を幹事が行い、参加者たちが同意する。互いに名前を呼びやすいように、簡単な名札を首から下げる。すぐさま自己紹介タイムとなり、ここに来た理由を、各々が語り出す。

パンセクシュアルだという女性が語る。

「好きな女性が出来たけど、その女性には彼氏がいて、その彼氏と私も、かつてご縁があって。三人で暮らせるかどうか、悩みながら相談している最中です」

ポリーではないという参加者たちも語る。

「友人から、『私、ポリアモリーかも』と相談を受けて。ポリアモリーについて調べていて、いろんな意見を聞きたくて、ここに来ました」

「自分はそうではないけれど、パートナーからポリーであると打ち明けられました。打ち明けられてから随分経つんですが、その間、特にケアがなくて。私は耐えられるか、ポリーの人はどういう感情で複数の人を好きになるのか、知りたくて来ました」

子育てについて話したいという参加者もいる。

「パンセク（パンセクシュアル）です。最近は、関係性を脱構築したいという気持ちがあって。パートナーでなくても、親友でも、子供を一緒に育てたり、里親になったりするような、子育てプロジェクトチームのようなものを作れないかな、なんて考えています」

パートナー同士でやってくる人も少なくない。

「夫婦で来ました。結婚一年目で、私は女性も好きなんだと気づいて。そのことを夫に伝えたら、彼もまたポリアモリーだとカミングアウトしてくれて。そこからすごく楽しくなりました」

彼女の夫が続ける。

「夫婦二人で一緒に付き合っている彼女がいて。彼女はアセクシュアルなんですけど、愛が溢れた日常をすごしています。二丁目にはよく行くんですが、そこでは主にパンセクの友人などが多くて。ポリーの友人を作りたくて来ました」

この日も、ポリラン参加者の動機は、実にそれぞれ。さまざまなジェンダー、セクシュアリティの参加者が集まっていた。

ポリランのような会合は、今では日本の各地で、散発的に行われている。関東だけではない。北海道、東北、東海、関西、中国地方、九州、あるいはオンライン上で。ポリーたちが集まり、語らうイベントが開かれている。

また、座談会形式のイベントだけでなく、飲食形式のイベントや、ポリアモリー当事者らが参加する「ポリアモリー合コン」など、幾つもの試みが続いている。

二〇二三年二月。この日は、オンラインイベント「ポリアモリーウィーク２０２３」が開催されていた。このイベントは二〇二一年から開催されており、ポリーだけでなく、さまざまな分野の学者も参加し、ポリアモリーについて語っている。

歴史的視点からポリアモリーについて考える講演もあれば、文化人類学的な視点から考察する講演もある。メディア上での複数愛的な表現について分析するイベントもあれば、結婚してからポリアモリーを提案した「後出しポリアモリー」について、既婚者同士で語りあうイベントもある。

質疑応答でのやりとりも、真剣そのものだ。聴講者の多くが、「自分ごと」として、ポリアモリーについて考えている。参加者にはモノガマスな人も多くいるのだが、それでも関係指向を掘り下げるという営みに、当事者性を欠く人はいない。

実は私も、「ポリアモリーウィーク」の開始当初から、登壇を続けている。電子雑誌「yomyom」にてポリアモリーのルポを掲載して以降、ポリーコミュニティで調査を続け、海外のポリアモリー論文も整理してきた。それらの調査結果を、コミュニティ内で共有することは、自分にとっても新鮮な経験である。

ポリランに参加し、ポリーの知人・友人ができ、ポリアモリーウィークなどで講演を行う。こうしたコミットメントを重ねる中で痛感しているのは、「言葉が共有されていないことによる不便」であった。

多くの人は、「モノガマス」以外の関係指向や、「モノガミー」以外の関係様式があることを、ほとんど意識化、言語化してこなかった。そして「非モノガマス」な人々や様式は、なかったものとして長らく蓋をされてきた。

言葉が共有されていないことは、当事者の間にも混乱を招く。自己否定に繋がるうえに、他者を巻き込んだ衝突やトラブルを抱えることにもなりうる。その際、自己について考えたり、他者とコミュニケーションするための言葉があればどうか。結果としてポリアモリーという様式を選択しなかったとしても、「なぜわかりあえなかったのか」「どこがマッチしなかったのか」を確かめることができる。

ポリアモリーをめぐっては、多くの課題があるが、まずはその存在が認識されていないことが大きい。不可視化された当事者は、社会システムから排除されがちでもある。

本書はまず、ポリアモリーや関係指向・関係様式について、言葉を共有するために書かれた。「ポリアモリーを認めると社会が混乱する」という人もいるかもしれない。しかし、関係指向について語る言葉がないことによって、すでに多くの混乱が、あちこちで起きている。そのためにいま、言葉が、対話が、必要なのだ。

本書は、「ポリアモリーのススメ」のようなものではない。あくまで、ポリーたちが生き、悩み、考え、喜ぶ、そうした姿を可視化することで、読者の、ひいては社会の、関係指向や関係様式をめぐるコミュニケーションを、より豊かなものにするために書かれている。本書を読んで、ポリアモラスな感情を自覚する人もいるし、モノガマスな感覚を再確認する人もいるだろう。そのような自己対話もまた、自分の人生を自覚的に生きるとともに、異なる他者と向き合う姿勢を生むことにもなると思う。

なお、本文には、インタビュー時の年齢を掲載している。年齢記載の必要性についても検討したが、「どのような世代にも、実際にポリーとして生きている人がいる」ことを伝える価値も重視し、記載することにした。また、各インタビューパートについては、それぞれの当事者に草稿を送り、確認をおこなってもらった。

さて、最後に謝辞を。

「yomyom」連載時より担当編集であった大島有美子氏と、企画編集部編集長の葛岡晃氏には、本当に多大なサポートをいただいた。大島氏には、率直な疑問を多く提示していただき、そのたびに本書は磨かれていった。

文献リサーチにあたっては、増田史氏、高史明氏に大きくサポートしていただいた。また、多くのポリー仲間たちにも、丁寧な助言をいただいた。友人や仕事仲間など、幅広い間柄の人から励ましをいただいた。どの人との関わりや、つながりが欠けても、本書は生まれなかった。深く頭を下げ、礼を伝えたい。

〈参考文献〉

p55

Cramer, R. J., Langhinrichsen-Rohling, J., Kaniuka, A.R., Wilsey, C.N., Mennicke, A., Wright, S., Montanaro, E., Bowling, J., & Heron, K.E. (2020).Preferences in information processing, marginalized identity, and non-monogamy: Understanding factors in suicide-related behavior among members of the alternative sexuality community. International Journal of Environmental Research and Public Health,17 (9).

p56

https://www.apadivisions.org/division-44/leadership/task-forces

https://twitter.com/div44cnm

https://medium.com/mental-gecko/apa-seeks-to-remove-stigma-of-polyamory-e6ed3b921df1

https://www.catholicnewsagency.com/news/apa-launches-task-force-to-reduce-stigma-of-ethical-polyamorous-relationships-45130

https://www.apadivisions.org/division-44/publications/newsletters/division/2020/04/non-monogamy

p71

Carlström, C., & Andersson, C. (2019). Living outside protocol: Polyamorous orientations, bodies, and queer temporalities. Sexuality & Culture, 23 (4), 1315-1331.

p77

Balzarini, R. N., Dharma, C., Kohut, T., Holmes, B. M., Campbell, L., Lehmiller, J. J., & Harman, J. J. (2019). Demographic comparison of American individuals in polyamorous and monogamous relationships. The Journal of Sex Research, 56 (6), 681-694.

p94

Rubel, A. N., & Bogaert, A. F. (2015). Consensual nonmonogamy: Psychological well-being and relationship quality correlates. The Journal of Sex Research, 52 (9), 961-982.

p95

Garner, C., Person, M., Goddard, C., Patridge, A., & Bixby, T. (2019). Satisfaction in consensual nonmonogamy. The Family Journal, 27 (2), 115-121.

Mitchell, V. E., Mogilski, J. K., Donaldson, S. H., Nicolas, S. C. A., & Welling, L. L. M. (2020). Sexual motivation and satisfaction among consensually non-monogamous and monogamous individuals. The Journal of Sexual Medicine, 17 (6), 1072-1085.

p 98

Mahar, E. A., Irving, L. H., Derovanesian, A., Masterson, A., & Webster, G. D. (2022). Stigma toward consensual non-monogamy : Thematic analysis and minority stress. Personality and Social Psychology Bulletin.

p 99

Balzarini, R. N., Shumlich, E. J., Kohut, T., & Campbell, L. (2018). Dimming the "halo" around monogamy: Re-assessing stigma surrounding consensually non-monogamous romantic relationships as a function of personal relationship orientation. Frontiers in Psychology, 9, 894.

p１００

Grunt-Mejer, K., & Campbell, C. (2016). Around consensual nonmonogamies: Assessing attitudes toward nonexclusive relationships. The Journal of Sex Research, 53 (1), 45-53.

Barker, M., Langdridge, D. (2010). Whatever happened to non-monogamies? Critical reflections on recent research and theory. Sexualities, 13 (6), 748-772.

p１１１

Balzarini, R. N., Dharma, C., Kohut, T., Campbell, L., Lehmiller, J. J., Harman, J. J., & Holmes, B. M. (2019). Comparing relationship quality across different types of romantic partners in polyamorous and monogamous relationships. Archives of Sexual Behavior, 48 (6), 1749-1767.

p１１２

Balzarini, R. N., Campbell, L., Kohut, T., Holmes, B. M., Lehmiller, J. J., Harman, J. J., & Atkins, N. (2017). Perceptions of primary and secondary relationships in polyamory. PLOS ONE, 12 (5).

p１１３

Muise, A., Laughton, A. K., Moors, A., & Impett, E. A. (2019). Sexual need fulfillment and satisfaction in consensually nonmonogamous relationships. Journal of Social and Personal Relationships, 36 (7), 1917-1938.

p１１６

宮崎弦太・矢田尚也・池上知子・佐伯大輔（２０１７）「上方比較経験と関係流動性が親密な二者関係における交換不安に及ぼす影響」社会心理学研究、33（２）

p１１９

Rubinsky, V. (2018). Bringing up the green-eyed monster: Conceptualizing and communicating jealousy with a partner who has other partners. The Qualitative Report, 23 (6), 1441-1455.

p１２０

Muise, A., Laughton, A. K., Moors, A., & Impett, E. A. (2019). Sexual need fulfillment and satisfaction in consensually nonmonogamous relationships. Journal of Social and Personal Relationships, 36 (7), 1917-1938.

Rubel, A. N., & Bogaert, A. F. (2015). Consensual nonmonogamy: Psychological well-being and relationship quality correlates. The Journal of Sex Research, 52 (9), 961-982.

p１２２

Brunning, L. (2018). The distinctiveness of polyamory. Journal of Applied Philosophy, 35 (3), 513-531.

p１２３

Iwanowska, J. (2018). Metamour connections as the underpinning of the fabric of polyamory. Graduate Journal of Social Science, 14 (1), 100-128.

Mogilski, J. K., Reeve, S. D., Nicolas, S. C. A., Donaldson, S. H., Mitchell, V. E., & Welling, L. L. M. (2019). Jealousy, consent, and compersion within monogamous and consensually non-monogamous romantic relationships. Archives of Sexual Behavior, 48 (6), 1811-1828.

p１２５

深海菊絵（２０１７）「私たちは何者か　米国ポリアモリーの多元性と共在性」コンタクト・ゾーン

p１４１

Burleigh, T. J., Rubel, A. N., & Meegan, D. V. (2017). Wanting 'the whole loaf': Zero-sum thinking about love is associated with prejudice against consensual non-monogamists. Psychology & Sexuality, 8 (1-2), 24-40.

p１４２

Barker, M., Langdridge, D. (2010). Whatever happened to non-monogamies? Critical reflections on recent research and theory. Sexualities, 13 (6), 748-772.

p１５１

Hope, R. (2019). Exploring mono-poly relationships : The ins, outs, challenges and benefits of mixed-orientation matchups. Polyamory Today.

p１６０

Labriola, K. (2019). The polyamory breakup book: Causes, prevention, and survival. Thornapple Press.

p１８２

Pallotta-Chiarolli, M., Haydon, P., & Hunter, A. (2013). "These are our children" : Polyamorous parenting. LGBT-Parent Families, 117-131.

p１８５
Landry, S., Arseneau, E., & Darling, E. K.（2021）. "It's a little bit tricky" : Results from the POLYamorous childbearing and birth experiences study（POLYBABES）. Archives of Sexual Behavior, 50, 1479-1490.
p１９５
Rubel, A. N., & Burleigh, T. J.（2020）. Counting polyamorists who count : Prevalence and definitions of an under-researched form of consensual nonmonogamy. Sexualities, 23（1-2）, 3-27.
p１９６
Fairbrother, N., Hart, T. A., Fairbrother, M.（2019）. Open relationship prevalence, characteristics, and correlates in a nationally representative sample of canadian adults. The Journal of Sex Research, 56（6）, 695-704.
p２０３
早瀬保子（１９９６）「アフリカの一夫多妻婚」日本貿易振興機構アジア経済研究所、22
Pew Research Center.（2019）. Religion and living arrangements around the world.
p２１６
サマービル市内のパートナーシップに関する条例追加規定
An Ordinance Adding Provisions Regarding Domestic Partnerships In The City Of Somerville
https://library.municode.com/ma/somerville/ordinances/code_of_ordinances?nodeId = 1028806
Somerville Journal（2020）
https://www.wickedlocal.com/news/20200701/somerville-recognizes-polyamorous-domestic-partnerships
The New York Times（2020）
https://www.nytimes.com/2020/07/01/us/somerville-polyamorous-domestic-partnership.html
CNN（2020）
https://edition.cnn.com/2020/07/02/us/massachusetts-city-recognizes-polyamorous-trnd/index.html
CBS News（2020）
https://www.cbsnews.com/news/somerville-massachusetts-recognizes-polyamorous-relationships
BU today（2020）
https://www.bu.edu/articles/2020/pov-somerville-mass-delivers-a-big-victory-for-those-in-polyamorous-relationships
井樋三枝子（２０１１）「アメリカの州における同性婚法制定の動向」国立国会図書館、２５０
サマービル市の条例一覧
https://library.municode.com/ma/somerville/codes/code_of_ordinances

『ポリアモリー　恋愛革命』デボラ・アナポール　堀千恵子・訳　河出書房新社（2004）
『ポリアモリー　複数の愛を生きる』深海菊絵　平凡社新書（2015）
『わたし、恋人が2人います。複数愛（ポリアモリー）という生き方』きのコ　WAVE出版（2018）
『見えない性的指向　アセクシュアルのすべて』ジュリー・ソンドラ・デッカー　上田勢子・訳　明石書店（2019）
「現代思想　2021年9月号　特集＝〈恋愛〉の現在」青土社（2021）
『ACE　アセクシュアルから見たセックスと社会のこと』アンジェラ・チェン　羽生有希・訳　左右社（2023）

装画　朝野ペコ

本書は二〇二〇年から二一年にかけて電子雑誌「yomyom」vol.65〜vol.67に掲載された「ポリアモリー・レポート　複数愛のリアル」を単行本化にあたって大幅に加筆修正したものです。

もう一人《ひとり》、誰《だれ》かを好《す》きになったとき
ポリアモリーのリアル

発　行　2023年11月30日

著　者　荻上《おぎうえ》チキ

発行者　佐藤隆信
発行所　株式会社新潮社
〒162-8711　東京都新宿区矢来町71
電話　編集部　03-3266-5611
読者係　03-3266-5111
https://www.shinchosha.co.jp

装　幀　新潮社装幀室
印刷所　錦明印刷株式会社
製本所　加藤製本株式会社

ISBN978-4-10-355381-6 C0036

近親殺人
そばにいたから
石井光太
大切なはずの身内を手にかける――その時家族に何が？　同居の母親を放置した姉妹、弟妹を殺した母親を持つ娘……7つの事件が問いかける、けっして他人事ではない真実。

ADHDの正体
その診断は正しいのか
岡田尊司
大人のADHDの9割は「誤診」。子どものケースにも「別物」が紛れ込んでいる。精神科医が診療実績と世界各国の研究報告を踏まえ、対策と予防法まで徹底解説。

なんでも見つかる夜に、こころだけが見つからない
東畑開人
人生には、迷子になってしまう時期がある。そんな時に助けてくれるのは7つの補助線――紀伊國屋じんぶん大賞受賞の臨床心理士が贈る新感覚の〝読むセラピー〟。

心を病んだらいけないの？
うつ病社会の処方箋
斎藤環
與那覇潤
「友達」や「家族」はそんなに大事なのか。「働かない」と負け組なのか。「話し下手」はダメなのか。精神科医と歴史学者が生きづらさを解きほぐす。〈小林秀雄賞受賞〉

障がい者だからって、稼ぎがないと思うなよ。
ソーシャルファームという希望
姫路まさのり
行列の絶えないフレンチレストラン、年商2億円に届いたクッキー工場、ワイナリーにAI等々、成功実例を紹介。自立を目指した時に、とっても大事なお金の話。

「科学的」は武器になる
世界を生き抜くための思考法
早野龍五
ビジネスにも教育にも効く！　原発事故、コロナ、フェイクニュース……不安と流言が飛び交う時代に「ぶれない軸」で判断するための、トップ物理学者が示す羅針盤。

《新潮選書》